Yahoo!ショッピングは

1円で売れ！

僕がやってきたこと【全部入り】

禁断の ネットショップ 儲けのカラクリ

松下直人

EC-Consulting Japan 株式会社 代表取締役社長

ビジネス教育出版社

まえがき

◆ 副業するなら「ネットショップ経営」一択

「うちの会社でも解禁されたので副業を始めたい」

「リモートワークの傍ら、手軽そうなネットショップで追加収入を得たい」

「ネットショップを運営しているけど売上が月数万円だからもっと儲けたい」

もしもあなたにこのような悩みがあるなら、もう少し読み進めてみてください。きっとあなたの希望や悩みを解決するためのノウハウが書かれているからです。

2018年に厚生労働省が「副業・兼業の促進に関するガイドライン」内の「モデル就業規則」（企業が就業規則を作るための指針）を改定しました。

それまであった副業禁止の規定を削除し、副業・兼業に関する規定を新設したのです。これをきっかけに副業を解禁する企業が増えました。一般の社会人の間にも副業をする流れが広がっていきました。

また、ビジネスパーソンのためのニュース・コラムサイト「アントレ」の2022年末の記事によると、月3万円稼げる副業ランキングのトップ5は次のようになっています。

・第1位：WEBライティング
・第2位：株式投資

・第3位：経営・組織コンサルティング
・第4位：不動産投資
・第5位：ネットショップ経営

　私が所属する業界である「ネットショップ経営」は第5位に甘んじてしまっていますが、初期コストやリスクマネジメントの観点で考えると、このランキングは変わってきます。

　ＷＥＢライティングは初期コストこそほとんどかかりませんが、安定して仕事があるかわかりません（人気が高い＝ライバルが多い）。数をこなす必要があり、ローリスクかもしれませんがハイリターンは狙いづらいでしょう。

　株式や不動産の投資関連は最初にレバレッジを効かせるために大きな原資が必要です。初期コストがかかる分、ハイリターンを狙えますが、株価の値動きに左右されるためリスクは高いです。

　コンサルタント業はコンサルティングそのものにノウハウが必要なため、事前の経験や勉強などの初期コストがかかります。単価は高いですが、ＷＥＢライティング同様、ライバルも多いので安定して稼げるとは限りません。

　一方で、ネットショップ経営は「やり方」さえ間違えなければ数万円の初期コスト（本書でお伝えするノウハウでは10万円）で始められます。

　さらに、売る商品の価格やどれだけの量を売るかにもかかわってきますが、年間を通して安定的に売れる商材を取り扱うことで、売上と利益のバラつきを極力抑えた状態で稼ぐことができます。毎月3万円どころか"毎月の利益30万円"も決して夢ではありません。

　ローリスクでミドルリターンの考え方を基本に、あなたが望むのであ

ればハイリターンも狙えるビジネスなのです。副業はもとより、本業にする場合でも安定的にあなたに富をもたらしてくれるでしょう。

◆ 手取り11万円だった私が年収3000万円になった理由(ワケ)

初めまして。松下直人と申します。

本書を手に取ってくださり、ありがとうございます。

私は2019年、29歳のときに「ＥＣ-Consulting Japan株式会社」を立ち上げ、設立3年で会社の年商は3億円に達し、個人の手取り収入は3000万円を超えています。

ネットショップ経営でこれまでに「Yahoo! ショッピング　Best Store Awards 2022」、「Yahoo! ショッピング　Best Store Awards 2023 ベストパートナー賞」を受賞したほか、ビジネスマッチングサイトやeコマースでたくさんのアワードをいただき、実績は日本一になっています。

ただ、今でこそ経済的な余裕はありますが、元々の私は「中卒の手取り11万円」の生活水準を送るただのサラリーマンでした。

子供の頃から貧しい生活をしていた私は、高校に進学して1年ほどは真面目に通っていましたが、学費が払えなくなり、勉強にもついていけなくなったために中退し、16歳で社会に出ることにしました。

社会に出て初めて就いた仕事は大工でした。仕事自体は楽しくできていたのですが、当時の手取り額は11万円でした。

その後、いくつかの仕事を転々とし、責任ある立場になったこともありますが、夏の暑い日も冬の寒い日も休みなく働いても20代での月収が20万円を超えることはありませんでした。

月日が流れ、高校を卒業した友達が普通に就職して普通に働いて年収500万円をもらっているのが驚きで、「あいつら、お金持ちになったな」と憧れるばかりの日々を送っていました。

　人生を見つめ直すきっかけになったのは25歳のとき。結婚をして第一子を授かった頃でした。
　「このまま我が子にも貧乏生活を強いるわけにはいかない……」
　そう思った私は「少しでも生活の足しになれば」と副業でインターネット通販ビジネス＝ネットショップ経営を始めました。
　これが大きな転機となりました。

　副業は1年もしないうちに軌道に乗り、当時の手取り額であった月18万円の会社の給料にネット通販で得た30万円が毎月入ってくるようになりました。
　約200万円だった手取り年収が500万円を超えたのです。
　その後、手取り年収が1000万円になったのを機に法人化し、副業で始めてから4年で手取り年収は3000万円を超えました。
　私のように、誰にでも人生には「どん底」の時期があります。
　しかし、同じように誰にでも必ず挽回のチャンスは巡ってきます。
　現在、苦境に立たされているすべての人に希望を持っていただきたく、本書のノウハウを公開しようと思いました。

　1968年にノーベル文学賞を受賞した文豪・川端康成の名作小説『雪国』は、次の一文から始まります。
　《国境の長いトンネルを抜けると雪国であった。夜の底が白くなった。》

25歳までの私は長いトンネルの中にいましたが、副業によってそれを抜けることができました。

　あなたも本書のやり方を徹底的に真似することで暗いトンネルから抜け出し、本書をきっかけに希望ばかりが見える未来への一歩を踏み出してください。

◆　やることは「海外」から仕入れて「ＥＣモール」で売るだけ！

　商売の基本は「安く仕入れて高く売る」です。

　仕入れ値と売値の差額が大きければ大きいほど儲けも大きくなります。

　非常にシンプルですがどんなビジネスもこのルールに則っていて、ここから外れない事業者は経営を継続でき、外れた事業者は最終的に倒産します。

　ネットショップ経営でも考え方は同じです。

　仕入れ先は海外で、売り先はＥＣモール（モール型ＥＣ）です。先の基本になぞらえるなら「海外から安く仕入れてＥＣモールで高く売る」になります。

　海外から仕入れると聞くと不安になる読者もいるでしょう。

　「日本語しか話せないのにどうやってやり取りすればいいんだろう？」

　その心配はいりません。海外へ仕入れに行く必要がないからです。言語がわからなくても日本語のわかる業者がその部分を代行してくれます。

　詳しくは本文で解説しますが、あなたがすることはほとんど「商品選び」だけです。選んだ商品の購入・検品・輸送はすべて代行業者にお任せできます。

　そんなノウハウを、本章では全７章にわたって余すことなくお伝えし

ます。

　第1章は「ネットショップで失敗してしまう理由」について。

　第2章は「ネットショップ経営は誰にでもできること」について。

　第3章は「実際に始めるときの基本的な考え方とテクニック」について。

　第4章は「売れる商品ページのつくり方と必殺ツール」について。

　第5章は「売れっ子ストアになるための販売テクニック」について。

　第6章は「ネットショップ経営でありがちな落とし穴と解決法」について。

　第7章は「さらに売上を大きく伸ばしていく方法論と考え方」について。

　また本書では、本文内でお伝えしたノウハウを活用するためのものとして、購入いただいたあなたのために12を超える特典を無料でプレゼントいたします。必ず巻末から手に入れてください。

　本書で多数紹介するノウハウに従ってネットショップ経営を行えば、1日2時間の作業を半年間しっかり継続するだけで毎月30万円の手取り収入が得られるようになります。

　さらに、本業として力を入れれば年商1億円も夢ではありません。

　実際に私がお伝えしたノウハウを実践した方の中には、たった3ヶ月で月商2970万円を成し得た方もいます。

　働く人にとっての憧れの1つと言えば「年収1000万円」が挙げられます。

　とはいえ、日本において年収1000万円を超えている人は、給与所得を得ている5270万人のうちのたった4.9％しかいません（国税庁「令和3年分 民間給与実態統計調査」より）。

ですから、こう書くと「夢のまた夢」と感じるかもしれません。

しかし実は、サイドビジネスで着実に稼ぐことで誰でも「年収1000万円プレイヤー」になれるチャンスがあります。本業で給料をもらっている人であれば、本業プラスオンで1000万円を目指せばいいのでハードルがグッと下がります。

ぜひ、本書のノウハウをそのまま実行してトップ4.9％の人たちの仲間入りをしてください。

そして結婚や子育て、子供の進学、親の介護、老後の貯蓄額2000万円など、お金のかかるライフイベントに不安を覚える人生から卒業しましょう。

私のお伝えする内容がその一助になれば、これに勝る喜びはありません。

Contents

1

なぜハードルの低い
ネットショップでも
失敗するのか？

加熱するＥＣ市場。しかし
２つに１つが２年以内に廃業している

　2022年8月の経済産業省「令和3年度デジタル取引環境整備事業（電子商取引に関する市場調査）」データによると、ＥＣ（Electronic Commerce）のBtoC（Business to Consumer）市場の規模は2021年の時点で20兆円を超えているようです。

　2013年からほぼ右肩上がりで推移するＥＣ市場は、コロナ禍を経て今後も伸びていくことが予想されます。

　その証明と言えるかもしれませんが、2023年6月の時点での国内のＥＣサイト・ネットショップ店舗の総稼働店舗数は455万件を超えています。

　エンパワーショップ（株）の前回調査（2021年）から比べて8.6％も増加しているようです。

　加熱するＥＣ市場ではありますが、一方でネットショップの廃業率は一般的に「初年度3割、2年目で5割」と言われています。

　厳密なデータがあるわけではないようですが、実際にネットショップ運営に関わる者として、この割合は決して間違いではないと私も思います。

　その理由の1つに挙げられるのは「参入障壁の低さ」です。

　選択するＥＣモール（本書ではAmazonや楽天市場やYahoo! ショッピングのようなモール型ＥＣ、メルカリやYahoo! オークションのようなフリマサイトを総称して便宜上こう呼称します）にもよりますが、初

期の導入手数料やランニングコストが無料、もしくは格安のものが多数存在します。

例えば、フリマアプリのメルカリやフリマサイトのYahoo! オークションであれば０円から始められます。ただ誰でも気軽に参入できて稼げる半面、大きな売上を作れない人がほとんどです。

お小遣い稼ぎを目的に不用品を売却して小銭を稼ぐのであれば、それもいいでしょう。月数万円でも副収入はありがたいものです。

しかし、本格的に考えていくならその額では心もとないですし、もっと稼ごうと思って別のこと（例えば株式投資）を始めたり、スクールに通ってお金ばかりがかかったり、効果の低い情報商材をつかまされる人も少なくありません。

結果、事業を継続できずに１〜２年で撤退したり、最悪の場合は継続したためにドツボにハマって行ってしまうのです。

お金をかけずにネットショップが うまくいくと思ったら大間違い

参入障壁が低いことによる失敗は他にもあります。

ネットショップはスタートにあまりお金がかからないからこそ「お金をかけずにモノを売ろう」とする人が多いことです。お金がかからないのにお金をかけずにやろうとするのが失敗につながるとは、まるで禅問答のようですね。

例えば、ＥＣモール上に商品ページをアップしているにもかかわらず、

・商品画像を魅力的にする工夫をしていない（スマホで撮りっぱなし）
・商品説明文がただの仕様の列挙になってしまっている（コピペも含む）
・リスティング広告などの広告費を一切かけない

　このような状態で"放置"してしまっているのです。
　いくら参入障壁が低いとはいえ「売れる工夫」をしていないと売れません。売れる工夫とは「お金と手間をかけること」です。
　世の中には「お金をかけずにうまくいく」と謳う書籍や人もいますが、ＥＣモールには基本的にライバルがいます。
　Amazonでも楽天市場でもYahoo! ショッピングでも、それこそメルカリやYahoo! オークションであっても、同じ商品や類似商品を扱っているわけです。

　そういうライバルたちと「椅子取りゲーム」をするのがネットショップです。
　売れる工夫を怠ることは、すでに音楽が止まっているのにボーッと立ち尽くしているのと同じです。当然、ライバルたちが我先にと椅子に座り、結果的に取り残されて敗者となってしまうわけです。
　このような、並べておけば勝手に売れて儲かると思ってネットショップ経営をしている人はものすごく多いです。この根本原因は「インターネットで商品を売るためには何をすべきか？」という基礎知識が欠落しているからです。

　本書ではそれらの知識をこの先の章で解説していきますが、知識がない状態で続けていても椅子取りゲームに負けるだけでなく、最悪の場合

は高い代償を支払わされることにもなりかねません。

　高い代償とは、うまくいかない理由がわからないために変な情報商材や悪徳コンサルにカモられてしまうことです。自社のツールやシステムを売りたいがために「こうすれば儲かりますよ」と高額な情報商材を売ろうとする人たちはいくらでもいます。

　そして、手間をかけたくない人たちはこのような手段を頼りがちです。

　確かに情報商材やツールの中には効果的なものも存在します。

　ただ、そこが本質ではありません。情報商材やツールに頼ることは基礎知識を得ることではなく、その場しのぎの解決法を手にするだけになりやすいからです。

　それらを使って一時は稼げるかもしれません。しかし、基礎知識が身についていないのでいつまでも依存せざるを得なくなりますし、ツールありきの運営をしていた場合、万が一、提供されなくなったときに行き詰ってしまいます。

　そのような瞬間的な時間稼ぎに奔走するのではなく、根本的な集客方法や購買心理を、本書を通して学んでもらいたいと思っています。そうすることで遠回りのようで実は正しいところにお金と手間をかけられる人になれるのです。

お金をかければ簡単に集客できると思うのも間違い

　前項で「お金をかけない」話をしましたが、逆に「お金をかければ集客できる」と思ってしまっている人も世の中にはいます。

　もちろん、これも間違いです。

　『言ってることが 掌 返しじゃないか！』

　そんな風に思ったかもしれません。しかし、真実なのでお伝えしています。より正確に言えば「お金のかけどころを間違えても集客できない」ということです。

　リアル店舗で考えてみましょう。

　もしも、新しくお店を始めるとして「稼ぎたい」「儲けたい」と思うなら、あなたはどんなところに店舗を借りようと思うでしょうか？

　少しでも商売勘を持っている人であれば「人がたくさんいるところ」だと答えるはずです。要するに「立地が良いところ」です。飲食店や物販店を始めるのであれば駅前周辺や目抜き通り（繁華街など）に出そうとするでしょう。

　ネットショップも同じで、大事なのは立地です。

　ネットショップで言う「立地が良いところ」とは、ユーザーが商品を検索したときに最初に表示される場所です。これを検索結果の「上位表示」といいます。

　ＥＣモールには上位表示されるためのアルゴリズムがあって（モールごとによってその基準は異なりますが）誰もが常に上位表示されるわけ

ではなく、先述の椅子取りゲームのように上位の取り合いが日々行われています。

ここがネットショップのリアル店舗よりも怖いところです。

リアル店舗であれば一度良い立地に出せたら潰れない限りそこにお店があるのに対して、ネットショップはある日突然、目抜き通りから山奥に連れて行かれてしまうことがあるのです。

ですから、お金をかけるのであれば「立地を維持すること」に使っていかなければいけません（手段は複数あるので別章で解説します）。

さらに、よくあるケースとして店舗の"内装"にお金をかける人がいます。

ネットショップでもストアを立ち上げた瞬間はお店のデザインも何もない、いわゆる"スケルトン状態"です。そこにはバナーも特集ページも何もありません。

ですからまずはネットショップとしての見た目を整えるために飾りつけ（ネットショップのトップページやカテゴリバナーなどのデザインの設置）をして店内を美しく賑やかにしようと考えます。中には内装に50〜100万円やそれ以上に費用をかけてしまう人がいます。

しかし、これはほとんど意味がありません。

あなたも一度はＥＣモールを利用したことがあると思いますが、何かの商品を検索した結果が表示されたとき、検索結果のページにはキーワードを冠した様々な商品がズラリと並んでいます。

これは言ってみれば目抜き通りにさまざまなお店が並んでいる状態です。そんなときに最も利用者の目を引くものは何でしょうか？

答えは「看板」です。

ＥＣモールも検索結果ページにはさまざまな商品の「1枚目に設定されている画像」が並びます。

　これが看板であり、私は「商品画像」と呼んでいます。

　看板を放置して、いくら内装＝ネットショップのトップページにお金をかけても、そもそも看板が魅力的でないお店にお客様は入ってきません。

　さらに言うと、チラシを撒いて集客を行わないと存在を認知してもらうことすらできません。ネットショップにおけるチラシとは「広告」のことです。

　つまり、商品画像や広告にお金をかけず、ストアの見た目ばかりにお金をかけても集客はできないのです。

リアル店舗で売れているものを インターネットで売ろうとしても 失敗する

　ネットショップを始める人の中には、すでにリアル店舗を持っていたり、売れている商品があってその販路拡大を目的とする人もいます。

　売れている商品の横展開はビジネスのセオリーとしては正解です。

　だからといって、売れている商品をただ並べておけば売れるとは限らないのがＥＣの世界です。というか、並べているだけでは売れません。

　特に、リアル店舗や別ショップですでに売れているからこそ「ここでも同じように売れるだろう」と安易に考えてしまいがちなので注意が必要です。

リアル店舗とネットショップでは、そもそもの売り方が違います。

リアル店舗であれば、立地以外にも店の空気感（雰囲気）、におい、ＢＧＭ、さらには店員のカリスマ性や人と人とのコミュニケーションスキルなど、商品単体以外のものでカバーして販売することができます。

しかし、ネットショップはそれがすべてありません。置いてあるものをお客様が見に来て、お客様のペースや感覚や価値観で判断して買うかどうかを決めてもらう世界です。

リアルで作用させられるものがすべてない以上、画像や商品ページの文章、購入者のレビュー、クーポン（割引）などで商品の魅力を伝える必要があります。

そして、そのためにはライティングスキル、デザインスキル、ページ構成の考え方が不可欠です。特に現代のＥＣではパソコンよりもスマートフォンで買われることがメインなので、そのための最適化も必要になってきます。

リアル店舗だけでやっている人はその感覚が抜けがちです。結果、思ったように売れずに撤退を余儀なくされるか、放置するかになってしまうのです。

私は常に100店舗くらいのストアをコンサルティングしており、リアル店舗を持っている人はそのうちの２割くらいいます。

サポートしてみて感じるのは「商品そのものは良いのにネットでの売り方を知らない」ということです。方程式を当てはめれば売れ始める良い商品を持っているため、本当にもったいないことだと思います。

しかしこれは逆に言えば、売り方を知っているとリアル店舗はネットショップ単独よりも有利なことを意味します。すでにヒット商品がある

からです。

　だからこそ、売り方を知ることが重要になってくるのです。

他のＥＣモールでは売れるのに 横展開しても売れない理由

　横展開で失敗するケースをもう１つご紹介します。

　他のＥＣモールですでに販売実績がある人が、別のＥＣモールに横展開したときに思ったように売れないケースはよくあります。

　例えば、Amazonや楽天市場で始めた人がYahoo! ショッピングに移行しようとするケースです。その考え方でスタートさせようとする人も含みます。

　このときにうまく売れない人は少なくありません。

　理由はいくつかあります。

　まず、そもそもの市場規模の問題です。

　日本国内のＥＣ市場のトップは楽天市場です。売上高は5.6兆円でコロナ禍の需要拡大が収まりつつあるポストコロナ時代でも高い成長を維持しています。

　次点がAmazonで、3.2兆円です。Amazonは全世界市場なので本書では国内だけにとどめて書いていますが、それでも高い売上を誇っています。

　一方でYahoo! ショッピングの売上高は1.6兆円です。国内ランキング３位ではありますが、１位・２位と比べるとダブルスコア、トリプル

スコアの差が開いています。

　これだけでもわかる通り、Amazonや楽天市場で始めた人がYahoo!ショッピングに移行しても、そもそもの市場規模が違うので思ったように売れないのです。

　次に、ユーザー層が違う問題です。

　楽天市場は若年層〜40代くらいまでと幅広く、特に女性が多いと言われています。Amazonは比較的裕福（年収が高め）な人が多いと言われています。

　一方でYahoo!ショッピングは「お得に買いたい」「ちょっとでも安く買いたい」という層が多く、かつ古くからYahoo!を利用していた層も継続しているので年齢層も40〜50代といった中間から高めの層になっています。

　ネットショップ経営で最も大事なのは集客ですが、市場規模やターゲット層がズレていることを知らずにうまく集客することはできません。

　それぞれのＥＣモールにハマるキーワードやページ構成、セールス方法があるのですが、それを知らずに別のところに持ってきてもお客様にはハマらないのです。

　私はこれを「モールハック」と呼んでいます。要するに攻略法です。

　ＥＣモールにはそれぞれのモールハックがあるのです。それを知らずに横展開することは、言い換えれば『ファイナルファンタジー』の攻略本を見ながら『ドラゴンクエスト』をクリアしようとするようなものです。

　このようになってしまうのはＦＦやドラクエを「ゲーム」とひとくくりするように各ＥＣモールを「ネットショップ」でまとめて考えて売ろうとするからです。

当然ながら、うまくいくはずがありません。

絶対不変の「ＥＣで売るための方程式」とは？

　では、ＥＣモールで売るための攻略法とは何でしょうか？

　本書では別章にて「Yahoo! ショッピングで売る方法」をお伝えしていきますが、どのようなＥＣモールを利用するにしても絶対不変の方程式が存在します。

　それが「売上＝アクセス数×購買率×客単価」です。

　それぞれは次のような意味を持っています。

・アクセス数：お客様があなたの商品ページにたどり着いた数
・購買率：商品ページにたどり着いたあとに買ってもらえた割合
・客単価：「１ヶ月の売上」を「売れた商品点数」で割った平均単価

　この３つをバランス良く上げていくことが重要なのですが、特に注目すべきなのが「アクセス数」です。最初に取り組むべきものなので覚えておきましょう。

　アクセス数を最優先にする理由の最たるものは、他の２つを10倍、100倍にすることは基本的にはできないからです。

　まず購買率ですが、Adobe社がアメリカで実施した『Adobe Digital Index Consumer Electronics Report 2020』の調査ではＥＣサイトの平

均購買率は3.0％だったそうです（家電やアパレルやインテリアなどのジャンルによって１〜４％台でバラつきあり）。

これを10倍にする＝30％にすることです。100人中３人しか買わないところを30人にするわけですから、至難の業であることがわかります。

次に客単価ですが、これは平均単価500円のパン屋で5000円分を買ってもらうようにするイメージです。飲食店で言えば客単価700円のラーメンを7000円分食べてもらうわけで、１人のお腹ではとても無理でしょう。

これは10倍の話であり、100倍にするとなると価格は万単位になり、この時点で売っている商品が変わってしまっていることになります。

このように考えてもらうと購買率と客単価を大きく上げることは難しいことがご理解いただけると思います。

しかしアクセス数は別です。100を1000に、１万にするのは無理な話ではありません。例えば、リアル店舗が周年記念のチラシを撒く、割引セールを行うなどして集客を増やすことは容易に想像できるはずです。

あとは費用対効果の話であり、集客そのものは可能なわけです。

ＥＣで売上を上げるには方程式があり、その最適解はアクセス数を増やすこと ── 今はこのくらいの理解で大丈夫です。

しかし、そこを無視してはいけません。

まずはお客様の母数を増やすことが大事なのだと覚えておいてください。具体的なテクニックについては別章でお伝えします。

購買率を上げたいなら商品画像を
自分で作ってはいけない

「売上＝アクセス数×購買率×客単価」の方程式のうちアクセス数についてお伝えしましたが、だからといって購買率を"絶対に上げられないか"というとそうではないので安心してください。購買率は２倍〜程度の改善なら可能です。

ただし、購買率を上げるために前提として理解しておくべき考え方があります。それは「買ってもらうためには買いたくさせないといけない」ということです。

「何を当たり前のことを」と思うかもしれませんが、リアル店舗とは異なる部分が多々あるネットショップにおいては立地、看板、セールストーク、アフターサービスも含めてネットショップなりのやり方をしなければいけないのです。

その中でも最も重要なのが１枚目の商品画像です。

これは「看板」とも形容しましたが、まずここでストア＝商品ページの中に入ってもらわなければいけません。このときに初心者が見様見真似で作ってもうまくいかない可能性が非常に高いのです。

現在、ＥＣで商品を買う人の８割はスマホアプリで買います。

各ＥＣモールはパソコン用のページを用意しているのと同時に、スマホアプリ版もリリースしています。スマートフォンでモノを買うときに考えなければいけないのが画像サイズです。

本書を執筆している時点でiPhoneの一番大きいサイズが「iPhone15

Pro Max」などの6.7インチ（約17cm）です。

　すべての人がこのサイズのスマートフォンを持っているならまだマシですが、実際はお客様はさまざまな画面サイズのスマートフォンを持っています。ですから基本は5インチ（12.7cm）で考えなければいけません。

　さらに、商品検索の結果として出てくる画像サイズは2cm四方です。

　そのサイズ感で何百万とある商品の1つ＝あなたの商品画像にユーザーの目を留めさせて、興味を引かせ、クリックしてもらって、商品ページ内の複数枚数ある画像を見た上で買いたくさせなければいけないわけです。

　見様見真似ではうまくいかないことは想像に難くないでしょう。

　ですから商品画像に関しては、初心者であればあるほど自分でやらずにプロに任せるべきです。

　そのお金をケチって自分で作ろうとすると「ダサい・見づらい・わかりにくい」の三拍子そろった商品ページができてしまいます。

　興味深いことに、私たちは自分がユーザー側であるときはこのようなことを気にするのに、売り手側に回った途端に自己都合でユーザー目線のない意識になってしまうので注意が必要です。

　また「売れない」で済むならまだマシです。

　悪いケースでは、自分で商品画像を作った結果、意図しない伝わり方をしてしまってトラブルや法律違反を犯してしまうケースもあります。

　例えば、18金メッキのネックレスを悪気なく「18金」と書いてしまうようなケースです。金メッキと18金ではまったく違います。これは

最悪の場合、逮捕される可能性があります。

　他にも、使ってはいけない他社の商標を調べていないがために使ってしまったり、「はくだけで痩せる」などの補正下着を売った結果、行政処分になったり、ということもあり得ます。

　「安物買いの銭失い」という言葉が日本語にはありますが、それを地で行くどころか何もかもを失ってしまいかねないのです。

LINE公式アカウントの活用で 客単価アップも狙える

　購買率ともう１つ、客単価も絶対に上げられないわけではありません。

　そのための考え方が「リピーターづくり（リピーターに買ってもらう）」です。

　マーケティング用語に「１：５の法則」というものがあります。これは新規客獲得のためには既存客の５倍のコストがかかる、という法則です。

　ビジネスをする上で最も大切なのが集客なので、新規客を獲得するための努力やコストを支払うことは必要なことです。しかし、もっと大事なのは一度買ってくれたお客様に再度買ってもらうリピート施策です。

　新規客はコストがかかるため、同じ商品を買ってもらった場合、どうしても利益率では下がってしまいます。ですから新規客だけではダメで、同時にリピーターを獲得していかなければいけません。

　５倍のコストをかけて新規集客をしつつ、同時にリピーターへの購買

を促すことを同時に行っていかないと売上のベースを作ることはできないのです。

　しかし、うまくいかないネットショップの９割は売りっぱなしの連続です。
　一度商品を買ってもらったらそれで終わり。また次の新規客を求めて集客を行うことを繰り返しています。ですからコストばかりがかかり、利益は薄くなってしまいます。
　逆に、成功しているリアル店舗やネットショップはこれを理解しています。最初の１〜２年は話題性で流行っても、ひと通りのブームが過ぎればそこからはどれだけリピーターを確保して来店してもらうかが大事なことを知っています。
　だからポイントカードやアプリ・メルマガ登録などの施策で「次に来る理由」を作っているわけです。

　本書ではその方法論としてＬＩＮＥ公式アカウントやメルマガを推奨しています。ＬＩＮＥ公式アカウントやメルマガ内で告知やクーポン配布を行うことでリピーターを獲得し、ファンづくりを行うのです。
　詳しくは別章でお伝えしますが、その前にまず考え方として、たとえ副業であってもリピーター獲得の重要性を今の時点でインストールしておいてください。
　このように書くと「まるで経営者みたいだ」と思われるかもしれません。
　その通りです。副業であってもビジネスを始める以上は経営者の考え方で動かないといけません。「インターネットで出せば売れるはずなのにどうしてメルマガを配信するのか、ＬＩＮＥでメッセージ配信をするのか。面倒くさい」という考え方ではダメなのです。

副業なのはあくまでも"あなた側"のポジションであって、お客様からすれば「1店舗の店主＝経営者」です。

　あなたは恐らく、本業では真面目に働いていると思います。

　だったら副業でも手を抜かず、真面目にやることを最初に認識しておいてもらいたいと思っています。どちらもお客様相手の「商売」だからです。

　副業だからと言ってサブ的な意識で「やらない理由」を作ってはいけません。それは失敗の元にしかなりません。意識の手抜きが失敗につながるのです。

初心者がこれからＥＣをするなら「シンプルな販売形態」を選ぼう

　市場が過熱する中でライバルも多く存在し、今のＥＣ市場はまさにレッドオーシャンです。ネットショップでの販売にはいくつかの方法があります。

・既製品を安く仕入れて売る
・ブランド品の販売代理店になる
・ＯＥＭをして半オリジナル商品として売る
・完全オリジナルの新商品を開発して売る
・無在庫販売で売る

　どれもそれぞれに一長一短がありますが、初心者がこれから始める場

合に最も単純なのは「ノーブランドの既製品を安く仕入れて売る」です。

　ブランド品の販売代理店やオリジナル新商品開発はそもそも難易度が高いです。メーカー側の縛りが厳しかったり、仮に新商品を作れたとしても売れなければすべてが水の泡となります。

　ＯＥＭ（Original Equipment Manufacturing＝相手先ブランド製造）も難易度が高いです。現在はＯＥＭがやりやすい時代で、ボトル（箱）とブランド名とロゴをこちらが用意すれば、化粧品会社や健康食品会社がオリジナル商品を作ってくれるプランがあったりします。

　しかし、これは100万円くらいの初期コストがかかります。発注ロット数も最低でも1000個くらいは必要で、在庫を置くための部屋や倉庫を借りるとなるとさらにお金がかかります。

　初心者がいきなりやっていい方法ではありません。

　無在庫販売は、難易度は低めですがトラブルの種を孕んでいて危険です。

　無在庫販売とは、手元に在庫がない状態で販売し、購入後に商品を仕入れる仕組みです。例えばAmazonなどから商品情報をコピペして出品し、商品が売れたらAmazonで同じ商品を購入して発送を行います。

　自分がやるのは手続きだけなので気軽で楽に始められます。

　しかし、売れたあとに購入先で在庫がなくなっていたり、購入サイトと到着した商品の段ボールに書かれたサイト名に違いがあったりして、お客様とのトラブルに発展するケースは後を絶ちません。

　過去の事例では商標権侵害などで逮捕者も出ています。

お客様とのトラブルによって結果的にアカウント停止や強制退会でビジネスが終わってしまうことも容易に想像できますし、逮捕されてしまったらそれこそ人生が終了してしまいます。

　そもそもYahoo! ショッピングをはじめとしたＥＣモールなどのプラットフォームでは、ほとんどの場合でこのような行為を規約違反としているため、発覚した場合はペナルティを受けてビジネスの継続ができなくなります。

　ですから、初心者であればあるほど、このような難易度が高かったりトラブルを抱えかねない方法を取るのではなく、最もシンプルな販売形態を選ぶべきです。

　安定してビジネスを継続していくためには売上よりも大事なのは利益です。初心者はどうしても売上が立てば儲かった気持ちになりますが、大事なのは利益であり、利益を稼げる販売形態を選択しなければいけません。

　それが「ノーブランドの既製品を安く仕入れて売る」なのです。

2

ネットショップ経営なら
誰でも副収入を得られる

毎日の隙間時間で
月の売上100万円も夢じゃない

　前章の最後で「ネットショップ初心者はノーブランドの既製品を安く仕入れて売る」が最適解であることをお伝えしました。

　では一体、どこからノーブランドの既製品を仕入れるかというと、答えは「中国」です。中国から輸入して利益を乗せ、ネットショップで販売するのです。

　本書でお伝えするビジネスモデルでは粗利率30〜40％を目指します。

　さらに本書は副業から始めて、必要であれば本業化していくことをおすすめする書籍です。詳しくは後述しますが、読者によって現状の収入にプラスオンしたい人もいれば、本業にして法人化を視野に入れている人もいると思います。

　私の場合は法人化することを目標に副業から始め、現在に至ります。

　あなたがどのようなシチュエーションや目標を持っているかまでは推察するしかありませんが、それでも最初は副業として隙間時間から始めてみましょう。

　本業で1日8時間働くとして、通勤時間も含めると実際のネットショップ運営のために部屋で作業できる時間は20時以降になると思います。24時には寝ると仮定して、寝る前の準備を含めると1日に使える時間は2〜3時間です。

　便宜上1日2時間としますが、中国輸入ビジネスであれば隙間時間にやるべきことに集中することで1年以内に月商100万円は十分に可能で

す。月収に換算すると月30〜40万円です。本業の収入が600万円あるとすれば、プラスオンで年収1000万円も可能な計算になるわけです。

ただし、そのためにはムダなことをしてはいけません。

売上につながらない作業は辞めて「売上につながる行動＝売れている商品のリサーチと仕入れ・売れる商品ページづくり・適切な広告依頼」に集中しましょう。

逆によくあるのが、1円の売上にもつながらない行動を「必要な作業」と考えて時間と体力を費やし、疲弊してしまうパターンです。

必要だと勘違いしてしまいがちな行動としては次の3つが挙げられます。

・商品の梱包と発送作業
・お客様のお問い合わせ対応
・ＳＮＳなどによる情報収集

それぞれのマイナス点と対策を簡単に解説しましょう。

● 梱包・発送作業はロジスティックサービスに任せられる

梱包・発送作業はネットショップ経営をする以上はしなければいけないことのようなイメージがあります。想像しやすいのが、部屋の中に仕入れた商品を詰め込んだコンテナが山のように積まれていて、売れるたびに1つずつ取り出して段ボール箱に詰めて、運送業者にまとめて集荷してもらう形式です。

しかし、現在のＥＣモールには総じてロジスティックサービスが存在しています。Amazonであれば「ＦＢＡ（Fulfillment by Amazon）」、楽

天市場であれば「ＲＳＬ（楽天スーパーロジスティクス）」、Yahoo!
ショッピングであれば「ヤマトフルフィルメント」です。

　これらのロジスティックサービスに委託することで、梱包作業や受発
注作業をすべて自動化することができます。在庫さえも自宅に持たずに
済みます。

　ここでダメマインドが働く人が一定数います。「委託をしたらお金が
かかる」というものです。確かに、各ＥＣモールによって価格は違いま
すが、１つ数十円ぐらいの費用はかかります。

　しかし、あなたがその作業を自分でやると、そこにはあなたの人件費
がかかります。あなたの人件費は恐らく１つ数十円よりは高いのではな
いでしょうか？

　仮に年収300万円を時給で換算すると1500円です。50円だと30個分
です。そのお金をケチろうとするのは"作業員の頭"であって「経営者
の頭」ではありません。

● お問い合わせ対応には無意味な達成感がある

　お客様対応もネットショップ経営をする以上はしなければいけないイ
メージがありますが、これも外注化が可能です。

　一般企業ですが「ビズアシ」や「ＥＣサポロジPlus」や「ＥＣのミカ
タ」のようなカスタマーサポートを代行してくれる企業や紹介してくれ
るサービスがあり、任せられます。

　もちろん費用はかかってしまいますが、ここは梱包・発送作業と同じ
考え方です。梱包・発送であってもお客様対応（問い合わせやクレーム

対応）であっても、１つ作業をするたびに時間を取られます。

　加えて、その時間は本来やるべき作業もできないので売上を上げることができません。１回で数十円〜数百円は浮くかもしれませんが、その分、入ってくるお金が減るので結果的にはマイナスのほうが大きくなるのです。

　さらに、梱包・発送作業やお客様対応には無意味な達成感がついて回ります。

　積み上げられた発送待ちの段ボールを目にしたり、お客様が満足して電話を切ったあとに謎の「やり切った感」があるのです。

　その感情自体に嘘はないと思います。しかし、１円にもなりません。

● ＳＮＳでの情報収集はただの時間のムダ遣い

　３つのうちで唯一、外注化できないのがＳＮＳなどでの情報収集です。

　Ｘ（Twitter）やInstagram、Facebook、ＬＩＮＥのようなＳＮＳ、YouTubeやTikTokのような動画サイト、noteなど外部のブログを見ることで確かに有益な情報を得られることはあります。

　しかし、多くの場合は“勉強した気”になるだけで無為に時間を過ごす結果になります。本当の必要な情報を収集するためならいいのですが、そうではないことのほうが圧倒的に多いのです。

　これらＳＮＳ中毒に関しては脱却する決意をして「本当に必要なもの以外は見ない」という行動習慣の変化をするしかありません（やるべきことをやった上で見るのであれば別です）。

　脱却するためのマインドとしては「無為にＳＮＳや動画サイトを見て

も自分には1円も入らない」と強く認識することです。むしろ、稼げるのは視聴されることで広告収入を得られる配信者だと思いましょう。

1日2時間の作業でネットショップは 24時間365日働いてくれる

　第1章にて、リアル店舗には必然的に存在しているものが、ネットショップでは（意識して作成しないと）存在しないことをお伝えしました。雰囲気やにおいやコミュニケーションのことです。

　しかし逆に、ネットショップにはリアル店舗には逆立ちしてもできない要素が多分に存在します。

　まず、実店舗がないので家賃がかかりません。1人でやるなら人件費も自分の分だけで実質ゼロと考えられますし、人を雇わないことで固定費もかかりません。

　オフィスを借りる必要もなければ、始めるために学歴やスキル、資格、人脈も必要ありません。全国民に同じチャンスがあるわけです。

　スタートするのに大きな資金もいりません。リアル店舗を1軒開くとなると1000万円近い資金が必要になりますが、ネットショップはそれこそ数十万円の資金があれば十分です。本書でお伝えするビジネスモデルであれば10万円で始められます（私は5万円でスタートさせて現在に至ります）。

　それにもかかわらず、ネットショップは24時間営業です。

リアル店舗であれば営業時間や定休日が存在します。これらをなしに24時間365日フル営業しようと思うと何倍もの人件費がかかってしまいます。

　しかし、ネットショップは1日2時間ちゃんとがんばるだけで、あとはあなたが本業で働いているときでもぐっすり眠っているときでも24時間365日フル営業をしてくれます。

　私のケースではありますが、Yahoo! ショッピングで大型イベントがある日に、販売を行ったところ、朝起きると1000個以上が売れていたことがありました。

　このようなことはリアル店舗ではあり得ません。1日に1000人の集客も対応もとても大変です。それがネットショップであれば4畳半のワンルームでもできるのです。

　ですから、ネットショップ経営を始めるのであれば1日2時間を集中して、本気でがんばってください。それ以外の選択肢はないと私は思っています。

　もっと売り上げたいなら身体と周囲との関係性を壊さない範囲でもっとがんばればいいですし、それなりでいいなら1日2時間でいいでしょう。

　その辺りの選択は読者次第になりますが、きっちりやればやった分だけ、それもローリスク・ミドルリターン（ハイリターンも狙える）で収入を増やしていけるのがネットショップ経営の醍醐味なのです。

ネットショップ経営は本当に 「誰でも」できるのか？

　前項で「ネットショップ経営は全国民に同じチャンスがある」とお伝えしました。そこで疑問が湧くと思います。

　本当に"誰でも"できるのか？

　私としては地道に継続できる人であれば誰でもできると考えています。

● 家から一歩も出たくないニート・引きこもりも稼げる

　現代の社会問題の1つがニート・引きこもりです。

　総務省統計局の『労働力調査（基本集計）2022年（令和4年）平均結果の概要』によるとニート（15〜34歳の若年無業者）は2022年時点で57万人、内閣府の『こども・若者の意識と生活に関する調査』によると引きこもり（15〜64歳）は推計146万人いると言われています。

　特に、引きこもりの問題は深刻です。

　当初は若者の問題とされていた引きこもりが時代の経過とともに加齢が進み、現在では親が70〜80代・子供が40〜50代となり、80歳の親が50歳の子供の生活を支える"逆介護状態"になっています。

　これは社会問題化されて「8050問題」とも言われていて、コロナ禍によって引きこもりが加速した背景も踏まえて今後さらに深刻化すると言われています。

　家から一歩も出ないニートや引きこもりが自分でお金を稼ごうと考え

るとき、選択肢と挙がってくるのが「投資」「配信者」「Ｗｅｂ系業務」「ネット物販」だと思います。

しかし、どれも難易度が高いです。

投資は株式であっても不動産であってもそもそもの原資（元手）が必要になりますので、仕事をしていない人にはスタートすら難しいでしょう。

スタートできてもうまくいく可能性が低いので、失敗して借金を抱えることにもなりかねません。

配信者はYouTuberやTikTokerやニコニコ配信者などの種類がありますが、必要機材がパソコンとビデオカメラくらいで参入障壁が低い分、食べていけるレベルにまで成長させるのは至難の業です。

しかも先行者利益を取っている人たちが多く、群雄割拠でライバルも多いです。最近は芸能人まで参入しています。広告収入の単価も下がっている話を聞きますので、成功確率は低いと言えるでしょう。

Ｗｅｂ系業務はＷｅｂデザイナーやＷｅｂライターなどの専門業務です。コロナ禍を経てリモート取材が一般的になったとはいえ、それでも取材先に出なければいけないこともあります。

それにデザインスキルやライティングスキルのようなそもそもの「スキル」が必要な仕事が多く、継続的に仕事が来るようになるのは一握りです。

このようなものに比べてネット物販であればパソコン１台で家の中でもビジネスができます。

しかも本書のやり方であれば、方法論は後述しますが、すでに成功し

ているやり方を真似るだけなので成功確率も高く、ニートや引きこもりの人であっても手堅く始められるのです。

● 休職中、子育て中でも稼げて家計を助けられる

独立行政法人労働政策研究・研修気候の調査によると、2022年の時点で共働き世代は1200万件以上、専業主婦世帯は539万件と、1980年代から数字の上でもほぼ逆転したそうです。

ですから、現代において専業主婦（主夫）は少ないかもしれませんが、たとえ共働き世帯であっても子育てによる休職期間は存在すると思います。

2馬力の労働力が1馬力になるのを避ける、専業主婦（主夫）でも家計を助ける目的で選択しやすい働き口として挙がるのは、スーパーマーケットのレジ打ちや、飲食店のパート業務などがあると思います。

しかし、それよりもおすすめなのがネットショップです。

1日2時間であれば子供が幼稚園や学校に行っている間、家事の合間などの時間を縫って作業ができます。

妊娠中であればなかなか働きには出られないと思うので、パソコン1台でできるネットショップは身体への負担も少ないです。

パートに出る考えでも3〜4時間をそのままネットショップに充てれば、月商100万円を超える売上と利益を叩き出すことも十分可能です。

仮に1日2時間で考えて月30万円の利益＝収入を得られたとしたら、そのお金で子供のミルク代、塾代、習い事の月謝など、さまざまな

使い道が考えられると思います。本来の家計を助ける目的は十分に果たせます。

　もちろん、そこまで稼ぐと扶養家族からは抜けることにはなりますが、それでも年間103万円以内でやりくりするか、年間360万円以上を稼いで家計の柱の1本となるかを考えると、おのずと答えは出ると思います。

　私は、夫婦問題は金銭的ストレスから解放されることによって大きく改善されると考えています。そして、その金額は5万円という話も聞きます。

　要するに、収入が月5万円増えるだけで家族円満になるわけです。

　月5万円の利益なら月商20万円で行けます。20万円を売り上げる1商品なんて、ネットショップの世界にはいくらでもあります。

　さらに、これは女性限定の言い方にはなりますが、私の個人的感覚としてネットショップは女性向きです。このビジネスはリサーチする、文章を書く、ページを作るなど、丁寧さと反復継続が求められるため女性に向いているのです。

● 奨学金を返さないといけない人でも2年以内に完済できる

　今、日本の若者を悩ませている問題の1つに奨学金返済があります。

　奨学金制度は、家庭の事情などにより経済的な余裕がなく、進学にお金が必要な学生に向けて学費の付与や貸与を行う制度です。ありがたい制度ではありますが、一方で社会に出てからの返済で苦しむ若者が多いそうです。

　静岡新聞の2023年7月の記事によると、2人に1人が何かしらの奨

学金を借りており、平均受給額は300万円以上、返済期間は15年前後だそうです。

　仮に22歳で社会に出て、年収300万円（月収25万円）で働き始めたとして、手取り20万円の中から300万円以上の"借金"を返すとなると、月にいくらかかるでしょうか？
　300万円を15年で割って年間20万円、12ヶ月で割って月1万7000円ほどの数字になります。この生活が30代後半まで続くわけです。

　しかし、ネットショップ経営で1日2時間を実践すれば、2年以内に奨学金を返済することも可能です。
　300万円を2年で割ると月12万5000円です。この金額を30％の利益率で割り戻すと売上は40万円になります。取扱商品は2〜3個あれば十分です。
　それに1日2時間で月商100万円・利益30万円で考えれば1年で完済できます。同じシチュエーションで2年で完済するなら月15万円はお小遣いです。しかも給与は丸々使えるので、20代でもかなり豊かな生活ができるでしょう。

● 　定年退職後の起業で人生初の年収1000万円が叶う

　厚生労働省の『賃金構造基本統計調査』によると、2000年時点での平均年収は497万7700円、2022年時点での平均年収が496万5700円となっているそうです。なんと、20年経っても平均年収が横ばい（というか微減）状態なのが今の日本です。
　さらに国税庁『令和3年分 民間給与実態統計調査』（2022年）によ

ると、2021年時点で給与所得を得ている5270万人のうち、年収1000万円を超えている人の割合は4.9%（20人に1人）だそうです。

　ずっと給料が上がらない社会で、働く人の95%が年収1000万円未満ということは、労働人生の中で一度も年収1000万円を達成せずに定年を迎える人が少なくない（というかほとんど）と考えることができます。
　加えて、コストプッシュ型のインフレによって物価上昇が起きているにもかかわらず政府が減税を行わないことで私たちの可処分所得（税金などを抜いた自分で自由に使える手取り収入）は日々目減りしています。
　しかも、老後2000万円発言によって、今は良くても老後が心配な読者も少なくないと思います。

　私は、こういう時代こそ副収入を誰しもが持つべきで、それは年齢に関係なく ── それこそ定年後の高齢者も同じだと考えています。
　老後に稼ごうと思うと、それまでに培ったスキルを使おうと考えるかもしれません。改めて学校に通って資格を取ろうと考えるかもしれません。
　しかし、それでは時間もお金もかかりますし、すべての高齢者がスキルを使って稼げるとも限りません。

　ネットショップ経営であれば、誰が何歳から始めても稼ぐことができます。
　私のクライアントに三重県に住む高齢者がいます。その方はパソコンが使えないのでタブレット端末でネットショップを経営し、地元の付き合いのある工場から仕入れた高品質タオルを販売して安定した老後と労働による生きがいの両方を手に入れています。
　他にも私の知る最年少のケースでは、小学校5年生（本書執筆時）の

女の子が作ったハンドメイド雑貨がバンバン売れています。家にある不用品や、量販店で購入したものに母親の手伝いでリボンをつけるなどの付加価値をつけたり、それこそ中国輸入をしたものをお父さんに販売してもらう形で月10万円を稼いでいるのです。きっかけは、お父さんがやっているネットショップ経営を見たことでした。

　ネットショップ経営を始めるのに場所や資格だけでなく、年齢も関係ないのです。老若男女が誰でも実践でき、これまで一度も手にできなかった年収1000万円を手にすることも可能です。

　年収1000万円であれば売上は3000万円で、月商は約300万円です。月300万円を売り上げるためには1000円の商品を3000個売る必要があり、1日100個です。

　ECモールの世界には月間で100万円以上売れているものから数十万円規模のものまでいくらでもあります。それを見つけて、同じように仕入れて売ればいいのです。

　これは現実的な話で、もしもあなたがそう思えないのだとしたら、それはその現実を"知らないだけ"です。本書でその現実を知ることができますので、あとは実践するだけで老後のお金の問題が現実的に解決していくのです。

● 自営業・フリーランスは第2の財布を持って好きな仕事ができる

　副業と言えば会社勤めをしている人が退社後にダブルワークで始めるイメージが強いですが、それだけにとどまりません。自営業者やフリーランスで働く人たちであっても、サイドビジネスとしてネットショップ経営は強くおすすめです。

本書でお伝えするノウハウは1日2時間から始められます。ですから、自分で仕事をしていてある程度の時間コントロールがしやすい自営業者やフリーランスであれば、1日8時間労働圏内でもサイドビジネス化することができます。

　もしも、あなたが自営業者でどこかにオフィスを借りているなら、ランチタイムと次のアポイントまでの隙間の数十分〜1時間を使うことができるでしょう。

　フリーランスで自宅を事務所にしているのであれば、休憩時間を少し長めに取って、その隙間時間でもう1つのビジネスができるわけです。

　本書でお伝えするノウハウは作業をすべて外注化できます（最初からするのはおすすめしません）。ですから小さく始めてある程度の売上を作れる実力がつけば、あとは確認業務だけでビジネスが勝手に回る仕組みを作れるようになります。

　要するに、ネットショップ経営を不労所得化するわけです。

　自営業者やフリーランスが不労所得を持つことは、私はとても意義のあることだと考えます。なぜなら「やりたい仕事」に集中できるようになるからです。

　そもそも自分でビジネスを始めた、フリーランスとして独立したということは、会社勤めという宮仕えをできるだけ避けたいと考えたからでしょう。自分がビジネスを回す側になって、やりたい仕事をしたいと考えたからでしょう。

　しかし、現実は必ずしも望み通りにいくわけではありません。

　うまく仕事が取れなかったり、思ったような利益を残せなかったりして、必然的に「やりたくないけどやらざるを得ない仕事」をしなければ

ならなくなります。

　それでは本懐から外れてしまっていることになります。

　最初は利益補填やＱＯＬ（Quality of life）向上のための手段として始めたネットショップ経営であっても、不労所得化できれば「第2の財布」として機能するようになります。

　すると、たとえ数は少なくても「したい仕事」だけに集中できるようになります。仮にそちらの売上・利益規模は小さくても、第2の財布があるのでウェル・ビーイングの度合いは高く保てるわけです。

　「やりたくない仕事はやらない」という本来の目的で生きていけるようになり、人生の選択肢を増やすこともできるのです。

　また、フリーランスであれば収入が作業ベースになりがちで、客数アップに限界が生じてしまいます。客単価アップ以外に収入を上げられない状態に陥るのです。

　それでも、サイドビジネスがあればそもそもの売上規模を高めることができますし、もしも年商1000万円を超えるようなことになれば、法人化して社会的信用も高めることができます。

3ヶ月で3000万円を稼いだ
福岡県の田舎の薬剤師

　本章の最後に、私のクライアントであり、初心者から始めたネットショップ経営でスタートから3ヶ月で月商2970万円（約3000万円）を売り上げたOさんの事例をお伝えします。

　Oさんは40代の薬剤師で、福岡県南部の地方都市に住んでおられます。

　私と出会うまでEC経験はゼロで、まったくの初心者でした。居抜きで薬局を引き継いだものの「このままではこの業界は伸びない。何とかしたい」という問題意識を持っておられました。

　そこでネットショップ経営に思い至りました。薬局内で売っている薬をインターネット上で販売することを考えたのです（違法性はまったくありません）。

　しかし、Oさんには自分でECを1から始める知識も時間もありませんでした。

　そこで私に話が来て「すべてプロにお任せします。言われた通りにやります」という流れになりました。

　私は「Oさんはものすごいチャンスを持っている」と感じました。

　というのも、飲食店が自店で提供している商品（コーヒーやラーメンセットや冷凍餃子など）をインターネットで売ることは普通ですが、薬局が薬をインターネットで売ることはほとんどイメージになかったからです。

ところが、法的に問題ないばかりか、むしろこのビジネスは最強でした。

　インターネットで薬を売るためには許可と免許と実店舗が必要で、参入障壁がものすごく高いです。さらに、インターネットで薬を売ること自体はあまり想像がつかないのに対して、世間のニーズはものすごくあったのです。

　参入障壁の高さ、需要と供給の過度なアンバランスさに加えて、ここにコロナ禍のニーズがバシッとハマりました。

　Oさんは私がお伝えしたノウハウをそのまま実践しました。

　ECモールでPCRキットや薬局で売っている薬を販売し、開業直後の1ヶ月目で月商600万円、2ヶ月目で月商2700万円、3ヶ月目には月商2970万円を達成したのです。

　さらに出店3ヶ月でYahoo! ショッピングの「月間ベストストア」に選ばれ、6ヶ月以内に同じアワードをもう一度受賞しました。このときはYahoo! ショッピング内がザワついたことを覚えています。

　通常、1人経営の薬局では月300万円の売上も厳しいところです。

　しかしOさんはその約10倍の売上を3ヶ月で達成し、ここで得た資金を使って本格的に中国輸入ビジネスも始めました。

　他のECモールでも販売を開始し、ネットショップ経営スタートから1年以内に月商5000万円を売り上げるまでになっています。

　私は、1人で気楽に始められて、いつ起きても寝てもいい、誰でもできてそれでも儲かるビジネスはネットショップ経営くらいだと思っています。

やることもシンプルで、すでに売れている商品のＥＣモールでの販売金額と、中国からの仕入れ額の差額を調べて、満足に利益の出せるものを販売するだけです。

　では実際にどうやってそれを行うのか？

　次章からそのノウハウをお伝えしていきます。

3

Yahoo! ショッピングと
アリババで始める
ネットショップ経営

ヤフショで売れている既製品を アリババで仕入れて売る

お待たせしました。では、具体的な方法論に入っていきましょう。ネットショップ初心者はノーブランドの既製品を安く仕入れて売る──これが最適解だとお伝えしましたが、本書でお伝えする方法は次の通りです。

> **《Yahoo! ショッピングですでに売れている商品をアリババから 仕入れて売る》**

これに尽きます。

もちろん、将来的なビジョンとしてAmazonや楽天市場、メルカリやYahoo! オークションで販売していくことも視野に入れていただいて構いません（こちらは第7章でお伝えします）。

しかし最初は「アリババで仕入れて Yahoo! ショッピング（ヤフショ）で売る」です。このビジネスモデルで粗利率30〜40％を目指します。

ご存知の読者も多いと思いますがYahoo! ショッピングはYahoo! JAPANが提供するインターネットショッピングモールです。

2019年からZホールディングス（ソフトバンクグループ）が開設・運営していたPayPayモールを2022年10月に統合。その際にPayPayモール内に出店していた日本最大のファッション通販サイトZOZOの「ZOZOTOWN Yahoo! 店（旧PayPayモール店）」を出店しました。

Yahoo! ショッピングを利用するメリットについては後述します。

　アリババはアリババグループ（阿里巴巴集団）が運営する世界最大級のB to B（Business to Business）向けの通販サイトです。1999年にジャック・マー氏によって創業され、中国のＥＣ市場で最も大きな存在感を放っています。
　240以上の国と地域にて5340万以上の会員を保有しており、2022年の株式一部売却まではソフトバンクグループが筆頭株主だったことでも知られています。

　・Yahoo! ショッピング：https://shopping.yahoo.co.jp/
　・アリババ（阿里巴巴団）：https://www.1688.com/

　アリババの良いところは、日本円で100円くらいから、さらに個数も少ロット（2〜3個）から仕入れられることです。ピアス片方なら10円くらいです。
　もちろん、中国国内のサプライヤーから仕入れるためには商品代金の他に、

　・国際送料
　・関税
　・消費税（日本）

　の3つがかかりますが、これはタオバオ（中国のオンラインモール。アリババグループによって2003年に創業）のような他のモールを使って仕入れる場合でも同じです。

日本国内で仕入れて売るのに比べて卸問屋を挟まないため、売値の3分の1から5分の1程度で仕入れられ、利益率も高く維持できます。

　本書では「誰でもできる」を目的にしていますので、他の仕入れ先よりも再現性が高く難易度の低いアリババがおすすめなのです。

　ちなみにZOZOTOWNで売られている洋服も、目利きができるようになればアリババで買うことができます（自分用に安く買えます）。

Yahoo! ショッピングを
おすすめする理由

　では、Yahoo! ショッピングをおすすめする理由をお伝えします。

　まず1つめはコストパフォーマンスがとてもいいからです。

　そもそもの出店料の違いとして、楽天市場が出店料6万円（しかも月額費用は半年分を先払い、またはプランによっては1年分）なのに対し、AmazonとYahoo! ショッピングはそれぞれ無料です。イニシャルコストでかなりアドバンテージがあることがわかるでしょう。

　次に月額料金でも楽天市場は選択したプランによって1万9500〜10万円と幅があり、Amazonも4900円のランニングコストがかかります。

　Yahoo! ショッピングはこれらが無料です。

　そして、利益の問題として、売上100万円時の販売手数料が楽天市場では10％〜、Amazonでは8〜15％、なのに対し、Yahoo! ショッピングは6.5％とかなり低いです。

つまり、初期費用も月額費用も利益の面でも最も良いのがYahoo!ショッピングなのです。

ECモール	初期費用	月額費用	手数料 (月商100万円時)
Amazon	無料	4900円	8〜15%
楽天市場	6万円 (半年分を先払い)	がんばれプラン： 1万9500円 スタンダードプラン： 5万円 メガショッププラン： 10万円	10%〜
Yahoo! ショッピング	無料	無料	6.5%(目安)

　他にも商品展開の傾向も異なります。

　Amazonや楽天市場はブランド品やＰＢ商品（プライベートブランド商品。出品者がノーブランドの既製品に自社ブランドのロゴを入れて販売している商品）が多く、既製品よりも有利な商品展開をしています。

　一方でYahoo! ショッピングはＰＢ商品も売れますが、何よりノーブランドの既製品が輝ける場所です。「安いもの」が刺さりやすい市場なのです。

　ですから、売り手としての余計なコストをかけずに済むわけです。

　メルカリやYahoo! オークションも含めて考えるなら、メルカリ・Yahoo! オークションは個人でできる気軽さがある代わり売上の天井も低め、Amazon・楽天市場は難易度が高く時間も費用もかかる代わりに展開次第で大きく売り上げられる、Yahoo! ショッピングはその中間という感じになります。

メルカリやYahoo! オークションの気軽さでできて、売上の天井は
Amazon・楽天市場に引けを取らない。副業で稼ぎたい人がローリスク
でミドルリターンを得ることができますし、力の入れようによってはハ
イリターンも狙えます。

ECモール	難易度	得られる売上	傾向
Amazon 楽天市場	高	小〜大	ハイリスク・ ハイリターン
メルカリ Yahoo! オークション	低	小	ローリスク・ ローリターン
Yahoo! ショッピング	低	小〜中 (大も可能)	ローリスク・ ドルリターン (ハイリターンも可)

Amazon・楽天市場にはない Yahoo! ショッピング独自の スコアリング

さらに、私がおすすめする一番の理由として、初心者でも集客しやす
く「売れっ子ストア」になりやすい仕組みがYahoo! ショッピングには
あります。

インターネットでモノを売る場合、最も大事なのが集客です。
ECモールにおける集客とは「検索結果の上位表示」です。
例えばユーザーが「マスク」と検索をした際に、できるだけ上位表示
されることができれば、それだけ多くのユーザーに発見してもらえるこ

とになります。発見されれば商品ページに入ってきてもらえる確率は上がります。

一方、検索で見てもらえないことは「存在していない」のと同義です。

すべてのＥＣモールは、商品ページそれぞれにスコアリングされていて、点数が高ければ高いほど「おすすめ」の上位に表示される仕組みになっています。

そして、その基準は「たくさん売れているかどうか」です。

ということは、売り手側はたくさん売ることでその商品ページの点数を上げる必要があります。

点数を上げるときにポイントとなるのが「何をもって点数が上がるか」ということです。Amazonや楽天市場ではこれが「売上高」に設定されています。

ところが、Yahoo! ショッピングではこれが「件数」で設定されています。

つまり、最初に薄利多売で100件、200件と数を売ることで翌週には検索結果で「人気商品」として上位表示されるようになるのです。

仮にマスクを10円で売ったとします。Amazonや楽天市場ではこれが100個売れても売上は1000円にしかなりませんのでなかなか点数が上がりません。

しかしYahoo! ショッピングではこれで上に行けます。そこから価格を戻して、認知度が高まった状態からビジネスをして行ける仕組みなのです。

中国輸入であれば安価に仕入れができるので低単価で販売しても一時

的に利益は少なくなりますが、赤字になることはほとんどありません（赤字になっても問題ないことは別章で解説します）。

　ですから、中国輸入ビジネスそのものともYahoo! ショッピングは相性が抜群なのです（※当社調べ、執筆時の状況です）。

Yahoo! ショッピングに 出店してみよう！ 〈出店申請時の注意点〉

　では実際にYahoo! ショッピングに出店をしてみましょう。

　とはいえ、本書は「アリババからの中国輸入で手堅くヤフショで稼ぐ本」であってYahoo! ショッピング開設マニュアルではありません。ですから、もしもそこから詳しく知りたい方は、お手数ですがその類の書籍がすでに出版されていますので、そちらをお買い求めください。

　ただし、少しでもお役に立てばと思いますので情報を共有いたします。

　Yahoo! ショッピングへ出店するためには出店審査を受けなければいけません。インターネット検索で「Yahoo! ショッピング　出店」と検索すれば解説ページが出てきますので、そちらで出店の申し込み（または資料請求）を行ってください。

　出店には「Yahoo! JAPAN ID」「クレジットカード情報」「会社情報」「代表者情報」「銀行口座情報」「ご提出書類（法人様）／ご提出書類（個人事業主様）」「出店予定商材情報」が必要ですので、サイトの案内に従って進めてください。

・Yahoo! ショッピング出店：https://business-ec.yahoo. co.jp/shopping/

　このとき、審査に通るためのポイントが 3 つあります。これは私が Yahoo! JAPAN から実際に聞いたものなのでかなり確度が高いです。

　まず、審査に落ちる原因ナンバー 1 は「書類の不備」です。
　具体的には入力した情報と書類情報との間に整合性がないことです。 1 項目でも違うと即座に落とされます。
　次に「書類の鮮明さ」です。
　出店審査に際しては画像を送ったりしますが、このときに画像が鮮明 でなく読み取りにくかったりするとその時点で落とされます。
　さらにもう 1 つ、100％落ちる要素として「本人確認の電話」があり ます。
　クレジットカードなとの審査と同じように、出店の際にも本人確認の 電話がかかってきます。もしも出られないと 100％落ちます。

　ここまで審査が厳しい理由は、Yahoo! による本審査前に代行業者に よる事前審査があり、ここがかなり厳しいからです。
　面談などがなく書類でしか判断できないため、少しでも不備があると はじくそうです。世間ではいろいろと審査が通らない理由が噂されてい るようですが、現実はこんな些細なことなのです。
　本当に些細なレベルではねられるので注意してください。

　ただし、審査は一度落ちても再挑戦できるので、めげずに挑戦しま しょう。

落ちた理由は教えてもらえませんが、そもそもここでくじけていると
この先に書いてあることは何の意味も成さなくなります。

　個人で何度やっても通らない場合は法人での申請も検討してみましょ
う。逆も然りで、法人で無理な場合は個人事業主としての出店も検討し
てください。

　ここから先の内容は、無事に出店できた前提での話になっていきます。

自分の頭で考えずにヤフショ内ですでに売れている商品を探す

　出店手続きが終わったからといって、すぐに出品のフェーズへ進むわ
けではありません。その前にとても大事なやるべきことがあります。

　それは「ヤフショ内ですでに売れている商品をリサーチする」ことです。

　初心者であればあるほど、出店しても売るものに悩み、困ってしまい
ます。例えば男性が女性用のショーツを売ることは、そもそも着用しな
いものなので自分の頭の引き出しの中にないため思いつかないのです。

　ですから、考えることはやめましょう。

　それよりは、リサーチの仕方としてYahoo! ショッピング内の「ラン
キング」を見て、現在すでに売れている商品を調べます。

　Yahoo! ショッピングのトップページに入って、ページ左側の「カテ
ゴリから探す」を「さらに表示する」をクリックして展開しましょう。

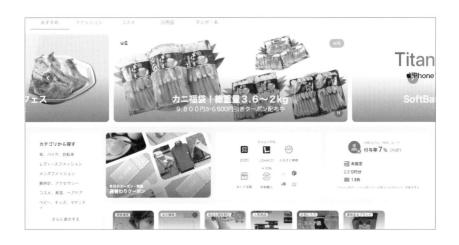

　そこから任意のカテゴリを選びます。ここでは「レディースファッション」を選択することにします。すると、レディースファッション内のさらに小分類されたカテゴリが出てきますので、任意のものを選びます。ここでは販売しやすいものとして「下着、靴下、部屋着」を選択することにします。

ページが飛んだ先には「人気ランキング」として現在、Yahoo! ショッピング内で売れている商品がランキング形式で出てきます。この中で特定のメーカー名が入っていないものは"ほぼ"中国輸入で仕入れて販売できると考えて構いません。

　例えばWACOALやUCHINOのようなメーカー品（ブランド品）は参考にしてはいけません。「靴下」「ショーツ」「パジャマ」などの商品カテゴリで特定のものを選び、クリック先に飛んでください。

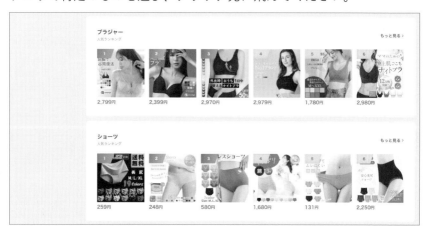

　ここまでくれば、好きなものを売って構いません。

　靴下でもショーツでもパジャマでも補正下着でも、売上を考えて売れているものを中国から仕入れます。

　ただ一方で、売れ筋商品であれば自分が好きなものの中で売れている商品を取り扱う考え方もありです。

　私のクライアントに犬好きな方がおられ、その方はペットグッズ専門店としてYahoo! ショッピング内に出店しています。その方の場合は「ペット用品」でランキングを調べ、首輪やリード（紐）、犬用の服を

売っています。

　自分の売りたいものを売ることは否定しませんが、順番があることを覚えておいてください。

　また中には取り扱えないものや避けたほうがいいものも存在します。

　そもそも個人で輸入ができない「食品」関係、電波法が絡んで最悪の場合は罰せられることもある「家電」類、権利関係が絡んで訴訟リスクのある「コスプレ」系、ページ削除のリスクが上がってしまう「アダルト用品」系などです。

　リスクヘッジの観点から、これらは基本的には避ける方向で考えましょう。

売れているストアの売れている商品を調べて仕入れ候補を探す

　ランキングをベースにカテゴリを絞り込み、特定の商品にたどり着きクリックすることで、その商品の「商品ページ」を見ることができます。

　商品ページの左上を見ると、カテゴリの下に日本語や英語で文字列があるはずです。これが「ストア名」です。Yahoo! ショッピングでは、あなたが出店したストアに名前を付けることができるのです。

　売れ筋商品を見つけるときにはストア内検索も有効で、いくつもの仮説を立てることができます。

　ランキングで調べた際に出てくるストアは、必然的に売れる商品をもっていることになります。このようなストアは"ほぼ必ず"と言って

いいくらいに中国輸入をしています。さらにランキングに乗せるだけの
テクニックも持っています。

　ということは、ここで「このストアは他にも売れる商品を持ってい
る」という仮説を立てられることになります。

　次に、ストア名の右傍に下向きの矢印がありますので展開し「ストア
トップを見る」をクリックしてください。ＨＴＭＬでストアページを
作っている場合、そのページに飛びますので少し下にスクロールをし
て、検索ボックスの「虫眼鏡」をクリックします（何も入力しなくて構
いません）。

　ストアページに移動したら「検索結果（件数）」と商品画像の間に
ソート用の一覧が並んでいるはずです。デフォルトでは「おすすめ順」
でソートされていますので「売れている順」をクリックして並び替えま
す（ストアの中には「ストアトップを見る」でストレートに行けるとこ
ろもあります）。

　すると、そのストアで取り扱っている商品の中で現在、売れている商品を調べることができます。あとはそれを同じように仕入れて販売すればいいのです。

　また、これらの検索によってそのストアが「中国輸入をしている」「売れる商品ページを作る力がある」「売れ筋商品も調べている」という仮説を立てられます。

ストア内検索で「未来の売れ筋商品」もわかる

　さらに一手先のテクニックとして、ストア内検索によって「未来の売れ筋商品」を推測することもできます。これはお伝えすること自体が私にとっての"諸刃の剣"となるのですが、本書を手に取ってくださった

あなたのために公開します。

ストアページのソート一覧で「新着順」で並び替えを行います。

すると、レビュー件数が少ない商品や1つのレビューもない商品がトップに並びます。例えば、レビューが1つもない商品の場合、商品ページがまったく作り込まれていない（とりあえず登録しているだけの）こともあります。

もしもこのようなものを見つけたら大チャンスです。

売れ筋商品を仕入れ、売れる商品ページを作る力もある売れっ子ストアがとりあえず登録をしているということは、裏を返せば「これから売っていく」ということです。つまり、数ヶ月先の売れ筋商品です。

このような商品を見つけたら、あなたもすぐに同じものを仕入れることで、半月ほどの差で売れる商品をリリースすることができます。

「売れている順」で並び替えた場合、確かに現在の売れ筋商品はわかって手堅いのですが、レビューが1000件近くかそれ以上ある場合は今から参入しても勝てない可能性があるのです。

商品単体で考えたときに「大手」になるからです。

しかし、レビューが数件から数十件であれば巻き返せますし、1つもない場合はまさに"金の卵"です。だからこそ、毎日のリサーチが大事なのです。

正直、ここまでリサーチをすれば仕入れるもので困ることはなくなります。見つけたら真似をして仕入れて売ればいいだけだからです。

それにもかかわらず、ほとんどの人はリサーチの段階で売れる商品を見つけられずにあきらめてしまいます。その原因の9割は自己流でやる

からです。

　ネットショップ経営の初心者が最初から自己流でやってもうまくいきません。

　ランキング上位で何十〜何千件もレビューが入っている商品を見つけたら、その商品を扱っているストア内の売れている商品を調べて、売れているもの・これから売れるであろうモノだけを仕入れる —— これでいいのです。

　言い換えれば、ライバルが正解を出してくれているわけですから、徹底的なコバンザメ戦法で戦っていきましょう。

稼げるかどうかは「商品リサーチ力」が9割

　ここまでリサーチの話を続けてきましたが、なぜここまで言うかというと、ネットショップ経営は「仕入れるまで」が勝負で、出品はあくまでも答え合わせに過ぎないからです。

　売れるべくして売れる商品を売る —— そのためにはリサーチ力が何よりも大事で、稼げるかどうかの9割は「商品リサーチ力」だと私が考えているからです。

　私の考えるリサーチ力には3つの指標があります。

　1つめは「市場調査」です。その商品がどれくらい売れているか＝市場規模があるかを調べる力です。売れていると思って調べてみたらそもそもの市場規模自体が小さく売上の天井が低い場合、よく売れても売上

はあまり立ちません。

2つめは「利益配分」です。売れていると思って飛びついてみたら、実はその商品が在庫処分品で、あなたが売りだした頃にはニーズがなく、処分するために安売りをして利益を取れないようなことがあります。

3つめは「勝算」で、これが最も重要です。果たして自ストアが参入しても勝てるのかどうかです。1と2があったとしても、自ストアに販売力がなければ大手のライバルには勝てません。後発であるあなたはランチェスター戦略における「弱者」ですので戦略的にはニッチを攻めるべきです。

読者によってとるべき戦略は変わると思いますが、それも含めてのリサーチ力が必要です。1と2の指標で本来は9割成功できるのですが、3の指標が最後の1割となってライバルに勝てないことがあるのです。
だからこそ、リサーチ力が何より重要で「稼げるかどうかも9割」になってくるのです。

「10個のうち最高の1つ」を仕入れることでリサーチ力をアップする

リサーチ力を鍛えるために私がいつもお伝えしている言葉があります。
それが「10個見つけて、その中の最高の1つを仕入れてください」です。

リサーチ力の３つの指標を高めていくためにはあなた自身が商品知識をつけ、儲かるかどうかの判断をするトレーニングが必要です。

　ですから、ネットショップ経営をスタートしたら最初は「リサーチ期間」を設けるようにしてください。仕入れ・出品はそれからでも遅くありません。

　例えば、テレビで特集されている商品をこまめに調べてみましょう。

　2022年はスマートフォンのショルダーストラップが流行しました。現在でも調べるとたくさんの商品が出てきます。

　テレビで取り上げられる商品は通販で、すでに流行っている商品で、どちらかというとテレビは後追いなのですが、これは裏を返せばテレビで特集されているものはネットショップでも売れることを意味します。

　このような商品リサーチを日常から意識するのです。

　さらに、ショルダーストラップが流行しているということは、単に「スマホケースのニーズが変化している」ということだけでなく別の流行も読み取れます。

　それは「肩がけ」という別の需要です。

　「肩からぶら下げる」という需要があること＝ショルダーバッグも並行して売れていたりします。「肩がけ」を指標に別商品へ横展開もできるわけです。

　このようなことを続けてリサーチしていると、だんだんと商品知識がついてきます。やがてランキングから見なくてもキーワードの引き出しが増えてリサーチ力が上がっていくのです。

　この状態を目指して１日30分はリサーチの時間にあててください。

逆に２〜３個の売れている商品を見つけて飛びついた場合、利益計算を間違えたりライバルが想像以上に多かったりして失敗するケースにつながりかねません。

　10個見つけて最高の１つを仕入れることを続けていると、それだけあなたの中にリサーチの経験値が積まれていきます。仮に10回続けたら100回分のリサーチ経験値を得られるわけです。
　しかも、その経験を通して手に入れた最高の10個は売れ筋商品です。2023年にＷＢＡで優勝した侍ジャパンのようなメンバーです。
　そのような商品群を手に入れることができれば、あなたは勝てるべくして勝つ戦いに挑むことができます。

最初は通年商品から探して不良在庫を持たないこと

　ネットショップ経営でリスクを減らすためには、ここまで書いてきたように売れている実績がすでにあるものだけを扱うことが大事です。
　もちろん、未来のことなので「絶対に安心！」と太鼓判を押すつもりはありません。しかし、リスクを限りなく小さくすることはできます。

　さらに、初心者がリスクヘッジを考えるなら、仕入れる商品の種類にも気をつけるべきです。
　商品には大きく分けて「通年商品」と「季節商品」があります。
　文字通り１年を通して需要のある商品と、夏や冬などの時期によって

ニーズが高まるもののことです。

　通年商品であればマスクやインナー系（肌着、下着、靴下など）、ス
マホケースや充電器、カー用品やＬＥＤ系などは季節に関係なく必要と
するタイミングが誰にでもあります。

　季節商品であれば2023年の夏はハンディファンが大流行しました。
街に出れば多くの女性が持っていた記憶があります。あるいは、夏であ
れば水着、冬であればコートやニット系などが該当しますが、冬に水着
を着ない・夏にコートを着ないように、ニーズが高まる時期が限られて
います。

　手堅く稼ごうと思うのであれば、初心者は"最初は"通年商品から揃
えましょう。

　まずはテスト仕入れとして10個くらいを仕入れて、ちゃんと注文し
た通りのものが届くかどうかを確認します。その上でテスト販売をして
みて、売れるようであれば４年でも５年でも売り続ければいいのです。

　バージョンアップによって多少の変化はあっても、通年商品が中国の
サプライヤーからなくなることはほぼありません。

　このように通年商品から手堅く始めることで不良在庫を持たずに済み
ます。

　不良在庫とは「売れる見込みがなく経済的損失になり得る在庫」のこ
とです。

　後述しますが、ロジスティックサービスを利用する場合には１日単位
で在庫保有のコストがかかります。売れる見込みのない不良在庫を抱え
ていることはコストばかりが膨れ上がる結果となってしまうのです。

通年商品であれば在庫の回転は比較的速く、コストも通常通りにしかかからないケースが多いですが、季節商品の場合は時期がズレると流動性が極端に悪くなるので、コストばかりがムダにかかってしまうことになるからです。

アリババの「画像検索」「キーワード検索」でリサーチした商品を仕入れる

ではいよいよ、仕入れの話をしていきます。

Yahoo! ショッピング内ですでに売れている商品を見つけ、仕入れるものを確定させたら、まずやることは「画像のキャプチャー」です。

スクリーンショットとプリントスクリーンのどちらの方法でも構いませんが、まずは仕入れる商品の画像を確保します。

そして、アリババのサイト「1688.com」へ行って同一商品を検索します。

検索方法には「画像検索」と「キーワード検索」がありますので、それぞれの方法をお伝えしましょう。

アリババのトップ画面に行くと、ページ上方に検索ボックスがあります。

虫眼鏡マークの後ろには商品名の入力を、カメラマークをクリックすると画像選択をできるようになります。

● 画像検索は「商品のみの画像」で行う

　画像検索の場合は、先ほど保存した商品画像を選択します。

　すると高い確率で同一商品が検索結果として表示されますので、自分の目で同じものを確認して商品ページを開いてください。

　このときにポイントとなるのが、検索にかける画像に文字や人間のモデルが加工されて入っていたりすると検索に引っかからない場合があることです。

　特にYahoo! ショッピング内で売れっ子ストアから画像を確保した場合は、仕入れ先をわからないようにするために加工をしています（ストア独自に撮影し直した商品画像にしていることもあります）。

　ですから、そもそも保存をする場合は「商品のみの画像」にしてください。

　1つの画像の中に4色のカラーバリエーションがあるような場合は、

アリババ内で範囲の選択ができますので、指定して1つずつ検索をかけましょう。アリババは賢いので自動でそのようなことができるのです。

　もしくは、最初に保存した画像をコピーして、1色ずつトリミングをして保存するか、加工されているものでも商品部分だけを切り出せるのであれば切り出して検索をかけてください。

● キーワード検索は「複数のキーワード」を想定して翻訳する

　画像検索で当該商品が見つからない場合はキーワード検索で広く探します。

　この場合の注意点は2つです。

　まず、当たり前ですがアリババは中国のサイトなので中国語（簡体字）に翻訳して検索をかけなければいけません。

　これはGoogle翻訳を活用すれば簡単にできます。Googleの検索ボックスに「翻訳　中国語」と入力すればトップに出てきますので、テキストを入力します。

　次に、翻訳のコツとして正しく翻訳されるように検討してください。

　例えば「マスク」を検索すると「面具」と翻訳されます。しかし、この単語でアリババを検索するとコスプレ用の仮面が出てきます。私たちが利用する医療用のマスクは「口罩」と書きます。

　あるいは「ハンディファン」の場合は「方便的风扇」と翻訳で出てきます。何か違う気がしませんか？　そこで「ハンディ」と「ファン」で改行して検索してみましょう。すると「便利扇子」になりました。これで正しく検索できます。

一発で翻訳できるものもあれば単語によって多少の工夫が必要なことがあります。こればかりはいろいろと試すしかありません。Google翻訳に限らず「マスク　中国語」で調べて他のサイトから答えを知る方法もあります。

　翻訳や調査によって中国語訳がわかればアリババの検索ボックスにコピー＆ペーストして調べればOKです。

● 仕入れ先サプライヤーの選択は「成交額」で考える

　アリババで商品検索をかけた結果、同じ商品を扱っているサプライヤーが複数出てくることがあります。どのサプライヤーから仕入れるか迷うケースです。

　そんなときは迷わず「取引の大きいところ」から仕入れてください。

　アリババで商品検索をすると、その商品を取り扱っているサプライヤーが一面に表示されます。個々のサプライヤーのサムネイルの右下に「成交○＋元」という表示があります。

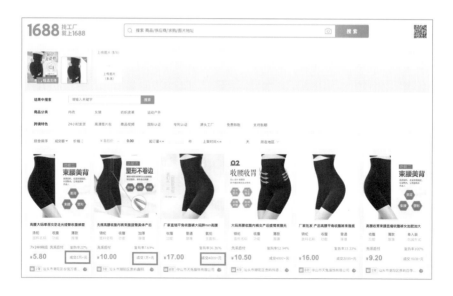

　これが取引実績であり、成交の後ろの数字が大きいほど売れている実績になります。適正価格でそれなりのものが届く可能性が高いのです。検索結果一覧のページにて「成交額」でソートもできますので、並べ替えを行いましょう。

　成交額が極端に少なかったり、極端に価格が安い場合は画像と違うものが届いたりするので避けるようにしましょう。

商品原価にレート＋10〜20円を かけて利益計算をする

　サプライヤーの精査とともに商品の仕入れ価格も念頭に入れないといけません。

　アリババで表示されている額は「元（中国人民元）」であり「円」ではありません。表示されている価格に円のレートをかけて日本円での算出が必要です。

　ただし注意が必要なのが、輸入ビジネスでは商品価格に加えて「輸送量（国際送料）」「関税」「日本の消費税」がかかることです。特に関税は商品によってパーセンテージが変わります。

　これを一つひとつ計算するとなると時間と手間がかかります。

　そこで、商品のサイズ感である程度の目安を作っておきます。

　まず、本書執筆時点（2023年9月上旬）での人民元のレートは「20.13円」です。便宜上20円としますが、商品サイズによって目安をプラスします。

・メール便やポストに入る小さいサイズ：レート＋10円
・両手で収まる程度の宅配便サイズ：：レート＋15円
・両手で持つ（抱える）程度の宅配便サイズ：：レート＋20円

　この基準で商品を考えてみましょう。

　例えば、1つの10元の商品があるとして、メール便サイズなら10元×30円で300円になります。これが「仕入れ原価＝中国から日本に届

くまでの１個あたりのコスト」です。

　同じ商品がYahoo! ショッピング内にて1000円で売られているとして、購入者への送料をメール便で200円とします。Yahoo! ショッピングへ支払う手数料の6.5％（1000円で65円）を加えると、

$$1000円 - （300円 + 200円 + 65円） = 435円$$

で435円の利益が得られることになります。

　1000円に対して利益が４割以上取れていて、本書の基準である３割を超えているので「仕入れてもＯＫ」と判断することができるわけです。

アリババで商品を見つけたら輸入代行会社に購入・検品・輸送を依頼

　仕入れの最終段階は買い付けと輸送です。

　ここで大きな問題があります。個人が中国のサプライヤーから買い付けようと思っても、相手にしてもらえないことです。

　ですから、ここは輸入代行業者に依頼をしないといけません。

　ただ、輸入代行業者はそれこそ星の数ほど存在し、それぞれの特徴があります、

　すべてを書いていると枚挙に暇がありませんが、重要なのは次のような特徴を持っているかどうかです。

・発注のしやすさ（発注フローが簡単）

・信頼できる（日本人がいる）

・実績がある

・営業許可証と貿易権を持っている

・日本人の商習慣がわかる（できれば日本人経営）

　これらを加味してインターネットで一つひとつ探していかなければいけないのですが、はっきり言って初心者にはハードルが高いので、私としては「ラクマート」をおすすめします。私の会社でも利用しています。

　ラクマートは運営会社である「申越網絡科技有限公司」が浙江省杭州市（アリババとタオバオの発祥地）にあり、日本支店も大阪市住吉区にあります。

　アリババと直接取引をしている輸入代行業者の中では最大手に近く、ジャパンクオリティを目指しているため品質にも厳しいことが安心材料です。

　ラクマートであれば中国国内での買い付け、検品、梱包、セット組（セット梱包）、ネームタグの付け替え（アパレル用品などで必要）、輸送までしてくれるため、それこそサイトで購入するだけで仕入れができてしまいます。

　購入方法も非常に簡単で、初心者が任せるにはベストな選択肢だと私は考えています。

　具体的に購入するには、ＵＲＬにアクセスして会員登録を行います。

　会員登録が済んだら、ラクマートの検索ボックスに、仕入れる予定の商品ページＵＲＬをアリババのサイトからコピー＆ペーストします。検

索をかけるとラクマート側のシステムでアリババの商品ページが表示されますので、あとは欲しい個数、カラー、サイズなどを選んでカートに入れます。

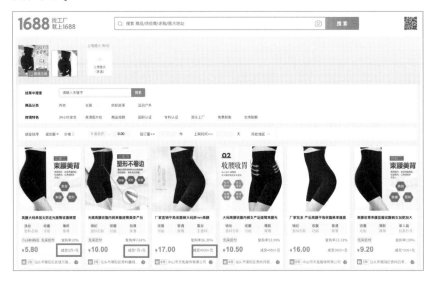

　すると、いくら払えばいいかが「円」で表示されますので、現金かクレジットカード（PayPal）で購入します。

　通常、輸入代行業者に仕入れを依頼するときは現金一括（銀行振込）が基本なので、このシステムは画期的だと思います。

　それこそＥＣモールでショッピングを行う感覚で仕入れができるからです。

　また、輸入代行業者を利用する場合は購入金額の３〜５％の手数料がかかってしまいます。しかし、本書をお読みいただいている読者のために30日間無料でラクマートを利用できるリンクをお教えします。

　仕入れのタイミングでは最初はこちらからアクセスしてください。

・ラクマート株式会社：https://www.rakumart.com/

・ラクマート株式会社（30日間無料リンク）：

https://www.rakumart.com/index.php?mod=user&act=register&spm=MTA1

● ヤマトフルフィルメントでネットショップ経営のデメリットを消す

　中国輸入を行う場合、通常は発注から1週間〜1ヶ月ほどで荷物が届きます。

　輸送手段に何を選ぶかによって変わるのですが、空輸（飛行機）であれば3〜5日、海運（船便やコンテナ便）であれば10日〜2週間、長いと30日ほどかかります。ラクマートであれば航空便で10日ほどで届きますので、仕入れの際の目安になると思います。

　そして仕入れた荷物は、最初のうちはあなたに直接届くように設定し、ちゃんとモノが届くかどうか、届いたモノが販売に耐えうるものかのチェックを行ってください。

　その上で出品を開始し、売れることが見込めたら今度は多めに発注します。

　数を多く発注した場合に活用できるのがヤマト運輸の「フルフィルメントサービス」というロジスティックサービスです。

　これはあなたが仕入れた商品をヤマト運輸の物流拠点に保管し、入庫以後の各作業をヤマト運輸が代行してくれる在庫型倉庫サービスです。

・ヤマト運輸フルフィルメントサービス：
https://business.kuronekoyamato.co.jp/promotion/
fulfillment/

　Yahoo! ショッピングはヤマトフルフィルメントと提携していますので、出店して稼ぐことを視野に入れるなら、入っておいて損はない（むしろ入っておかなければいけない）サービスです。
　このサービスを活用することで6畳一間のワンルームに住んでいる人でも手元に在庫を置かずに済むため、ネットショップ経営で発生するデメリットを消すことができます。

4

売れる商品ページづくり
「禁断のテクニック」

商品ページ作成のための基本概要

　本章から先の内容は、第3章でお伝えしたことをできた上で、それを前提にした話になってきます。

　出店し仕入れを行ったら、並行して商品ページを作らないといけません。

　これは言ってみればお店をオープンして仕入れた売り物を店頭に並べる行為です。これをしないことには当たり前ですが売上は1円も立ちません。

　くり返しになりますが本書は「アリババからの中国輸入で手堅くヤフショで稼ぐ本」ですので、商品ページ作成の手順に関しては簡単な解説になることをお許しください。他の開業マニュアル系の書籍であれば1章分を使って解説する内容ですので、そこから知りたい方はそのような書籍の購入をおすすめします。

　最初にYahoo! ショッピングの管理システム「ストアクリエイターPro」を開きます。メニュー内にある「商品・画像・在庫」を選択して「商品管理」の項目をクリックします。

　ページ編集から登録する商品のカテゴリを選んで商品ページ作成を押します。これで編集画面から新規商品ページを作れるようになります。

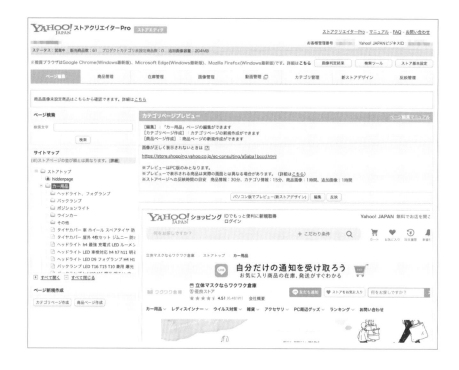

● 商品コードは覚えやすい英数字の文字列にする

　編集画面では最初に「商品コード」を設定します。各商品の管理コードで自由に設定できますので、あなたが管理しやすい文字列を入力してください。

　例えば3Dマスクを取り扱うなら「3dMask01」のようなイメージです。

　アルファベットと数字の文字列にするのがおすすめです

● 商品名は検索キーワードに照らし合わせる

次に「商品基本情報」から「商品名」を登録します。

ここはユーザーが商品を検索したときに反映されるものとして最も影響する部分ですのでとても大事です。検索キーワードに照らし合わせて詰めていく必要があります。検索キーワードに関しては後述します。

● 商品画像と商品詳細画像は最大20枚まで設定できる

次に「商品画像と商品詳細画像」を設定します。20枚まで設定できますので、Amazonの9枚に比べてYahoo! ショッピングではたくさんの画像で商品アピールが可能です。

1枚目の商品画像＝サムネイルはお店の看板ですので、思わずクリックしたくなるような画像設定が大事です。商品詳細画像はユーザーに買ってもらうための画像ですので、情報量を多く、かつユーザーの心理に則した情報提示をする順番で並べる必要があります。商品画像各種に関しても後述します。

● 通常販売価格はちょっと安くすると有利になれる

次に「通常販売価格」を設定します。

通常販売価格は販売する金額を設定するだけなのですが、ポイントとしては相場を知ることです。自分が売る商品と同じ商品、もしくは類似商品を調べた上で相場価格に合わせましょう。

おすすめは少し安く設定することです。それだけでも有利になれます。

● プロフダクトカテゴリはプレミアム統計で「正解」を知る

次に「プロフダクトカテゴリ」を設定します。

自分が出品する商品がどのカテゴリに入るかを選択しなければいけないのですが、正しいカテゴリよりも売れているカテゴリを選択することが大事です。

売れているカテゴリは「プレミアム統計」を参照すれば、どのカテゴリでどれくらい売れているかの「正解」がわかります。そこから適切なものを選択してください。プレミアム統計に関しても後述します。

● ブランドコードはノーブランドでも登録する

次に「ブランドコード」を設定します。

ブランド品やメーカー品であればインターネットでブランドコードを検索すれば出てきます。

しかし、本書ではノーブランド品に焦点を当てていますので「ブランド登録なし（38074）」を選択して設定します。設定しているかどうかが評価の対象になるので、必ず設定してください。パフォーマンスに影響します。

● スペック設定はプロダクトカテゴリに紐づいて変化する

次に「スペック設定」を行います。

スペックはプロダクトカテゴリに紐づく形で中身が変わります。

Ｔシャツであれば「色」は何色が揃えてあるのか、「素材」は綿なのかナイロンなのか、「サイズ」はＳ・Ｍ・Ｌ・ＸＬなど何種類あるか、

「性別」で言えば男性用か女性用か、などです。

　ユーザーが購入を検討するときの選択肢や判断材料になりますので必ず設定してください。

● ＪＡＮコード・製品コードの設定はノーブランドなら必要ない

　次に「ＪＡＮコード、製品コードの設定」を行います。

　ＪＡＮコードは商品のバーコードのことです。製品コードはその製品の型番のことを意味します。

　メーカー品であれば必ず入れなければいけませんが、今回はノーブランド品なので入れなくて構いません。

● 在庫設定は各バリエーションに合わせて数を入力する

　次に「在庫設定」を行います。

　出品する商品に色やサイズなどのバリエーションがない場合は、単純に在庫の数を入力します。逆にバリエーションがある場合はそれぞれの在庫数を入力する必要があります。

● キャッチコピーは「キーワードのみ」を入れる

　次に「商品詳細情報」から「キャッチコピー」を設定します。

　ここで注意していただきたいのは、このときのキャッチコピーは一般的な意味でのそれとは異なることです。

　Yahoo!のデフォルトの例だと「オシャレなマグカップです！」のよ

うに書いてありますが、これではダメで、むしろ検索対策用のキーワードを入力します。

キーワードに関しては後述しますが、最大で30文字まで入りますので、ここでは「キーワードだけを入れること」を覚えておいてください。

● 商品情報でもキーワードを入れて商品説明を行う

次に「商品情報」を入力します。

最大500文字まで入ります。ここまでにお伝えした「商品名」「キャッチコピー」に加えて「商品情報」もユーザーの検索対象に入ります。要するに、検索をしたときに3ヶ所に入っているワードが引っ掛かるようになっているのです。

ですから、普通に商品説明をするのではダメです。

マスクであれば「【50枚入り】の【立体マスク】で【夏用】です。【口紅がつかない】【3D構造】で【通気性】が良く【冷感仕様】です。」のような感じで、商品情報説明文でもキーワードを入れつつ商品説明をするのが大事になってきます。

※【】でくくっているところがキーワードの例になります。

● 迷ったら基本は「送料無料」に設定しておく

次に「送料無料アイコン」の選択を行います。

基本的にユーザーは送料無料の商品を好みます。商品そのものを検索するときに「送料無料」をオンにして絞り込むことが多いのです。

ですから、迷ったら送料無料に設定しておきましょう。もしも一定額以上の購入で送料無料にするのであれば「条件付き送料無料アイコン」

を設定します。

● 配送グループ設定でユーザーは任意で配送方法を選べる

　最後に「配送グループ管理番号」の選択を行います。

　配送グループはストアを出店する段階のストア情報にて登録する「配送方法の設定」です。「配送設定1：日本郵便（クリックポスト）」「配送設定2：日本郵便（ゆうメール）」のような形で設定したあとに配送グループを作成します。

　そうすることで「この商品はネコポス、ゆうパック、佐川のいずれかを選択できます」というように商品ごとの配送方法を指定でき、ユーザーが購入するときに選択できるようになります。

● 面倒だと感じたらプロに任せるのも方法の1つ

　あとは「反映ボタン」をクリックすれば商品登録が可能です。

　ここまで読んでみて面倒だと感じたり、ハードルが高いと感じた場合は、専任のコマースパートナーに依頼する方法も検討してみてください。

　Yahoo! ショッピングには「コマースパートナー」というYahoo! JAPANに代わってストアのニーズに沿ったさまざまなサポートを行う企業が存在します。

　指定のパートナー認定マークを使用しているだけでなく、登録そのものにYahoo! JAPANの定める審査（コマースパートナー審査）をクリアしなければいけないため、外部の代行業者よりも信頼が置けます。

　面倒な作業をプロに任せることは、あなたの経営リソースをネットショップに集中できることにもつながりますので、検討してみてください。

・Yahoo! JAPAN コマースパートナー マーケットプレイス
https://business-ec.yahoo.co.jp/commerce_partner/

「Yahoo! ショッピング」の 検索順位が決まる仕組みを理解しよう

　商品の登録が済んだら、Yahoo! ショッピング内であなたの商品の販売がスタートします。通常、ユーザーがYahoo! ショッピングの検索ボックスで商品検索を行うと、結果として商品が表示されますが、デフォルトは「おすすめ順」です。

　ここを攻略していくことで集客につながり、商品が売れていきます。

　そして、そのためにはしなければいけないことがあります。「商品スコアをアップすること」です。

　商品スコアアップにはさまざまな施策があります。

　ただそれらをお伝えする前にまずどうすれば商品スコアが上がり、上位表示されるのか、そのポイントを理解しておいてください。

　具体的には次のものです。

・販売実績（販売売上より販売件数）
・優良配送に対応しているかどうか
・ＰＲオプションの設定率がどうか
・商品ページに入っているレビューの件数（数）と質（星の評価）
・ストア自体の評価数

中でも最も大切な要素は「販売実績」です。独自のスコアリングについては第３章でお伝えしましたね。数を売ることで短期間でも上位に行けるのです。

　これらが組み合わさって実績があればあるほど商品スコアは高くなり、直近１〜２週間程度の販売実績が商品スコアとして強く影響します（※当社調べ）。

　これらの概念をまず頭に入れた上で、商品スコアを高めていきましょう。ネットショップ経営は椅子取りゲームです。ゲームに勝ち続けないと売上も出せませんし利益も残せません。

　ゲームに勝つためにはまず"ルール"を理解することが重要なのです。

検索キーワードを忍ばせることで検索結果に出やすくなる

　ここからは本章の冒頭で「後述する」とお伝えした内容についての詳細を語っていきます。まずは「検索キーワード」についてです。

　検索キーワードとは「Yahoo! ショッピング内でユーザーが商品検索をするときによく検索されているワード」と私は定義しています。

　例えば、スマホケースを検索するときにあなたはどちらで検索するでしょう？

　恐らく「iPhoneのカバー」より「iPhoneケース」のほうが優位なはずです。

　検索キーワードを商品ページ内に忍ばせることでＳＥＯ対策（Ｗｅｂ

ページを検索結果の上位に表示させ、流入を増やすために実施する一連の取り組み）になるのです。もちろん、ただキーワードを入れるだけではダメですが、表示させるためにはキーワードは欠かせません。

　商品ページ内においてキーワードを入れるべき場所は４ヶ所あります。「商品名」「キャッチコピー（表面上は見えない。管理画面上にある）」「商品情報（商品説明文）」「ストア名」です。
　４ヶ所に入れるキーワードは同一のもので構いません。それよりはむしろ、ユーザー目線で検索キーワードをあらゆる角度から組み合わせ、検討することが大事です。
　ではそれぞれの場所の詳細を解説します。

● キーワードは左端３つに命を懸ける

　商品名は商品画像のすぐ右側にあるタイトル部分です。

　マスクの例でお伝えすると、左端から順番に「マスク 不織布 立体 50枚 子供用 大人用 立体マスク……」と文字が並んでいたとします。

　この中で命を懸けるほど重要なのが「最初の３つ」です。

　検索キーワードは左側にあるほど関連性が高いと評価され、３つめまでが最も大事なキーワードだと判断されます。

　ですから、あなたの商品を欲しいと思っているユーザーが検索するであろう「検索ボリュームの多いキーワード」を入れてください。

　このキーワードがキャッチコピーにもそのまま使えます。

　すでにお伝えしているので割愛しますが、30文字の中で文章よりもキーワードを入力してください。

● 商品説明文は「書きたいこと」を書いてはいけない

　商品情報（商品説明文）は文字通りその商品の説明を行うところですが、ここで重要なのは、あなたが「書きたいこと」を書いてはいけないことです。

　むしろ、ここでも検索キーワードを混ぜて説明をしていきます。

　商品情報は、現在の仕様ではレビューの下に位置取られていますが、ここで書くのは「大人気のマスクです」のような言葉ではありません。

　「立体不織布マスク」「３D立体型構造」「耳が痛くない」「「セット内容（何枚入りか）」「大人用・子供用」「カラー（ホワイト、ブラック、ピンクなど）」といった検索キーワードです。

　タイトルの中から商品情報として必要なものを抜き出し、説明文として活用してください。

● ストア名で「専門店であること」をアピールする

　最後はストア名ですが、これは見落としがちなので注意です。

　これから出店するのであれば、ストア名は「専門店」としての名前を付けるようにしてください。自分だけのストアなのでオリジナルの素敵な名前にしたいと思うかもしれませんが、ストア名も検索対象になるので、売りたい商品がある以上はそのようにすべきです。

　例えば「立体マスクなら＋ストア名」です。「商品＋なら＋店名」や「商品名＋専門店＋店名」の組み合わせでストア名を考えてください。店名は何でも構いません。それこそ「立体マスク専門店の松下商店」でも構わないのです。

「アイテムマッチ広告」を使うなら キーワードは厳選すること

　検索キーワードに付随する内容として覚えておいてもらいたいのが「アイテムマッチ広告」との兼ね合いについてです。

　アイテムマッチ広告はYahoo! ショッピング版のリスティング広告（検索キーワード連動型広告）です。ストア側が１クリック辺りの金額を設定し、基本的に入札金額が高い順に表示される仕組みになっています。

　アイテムマッチ広告を使った商品は、サムネイル画像の左上に「ＰＲ」と表示され、おすすめよりも上位に表示されます。

　まず、広告そのものを使うかどうかに関しては「使うべき」が答えです。

　リアル店舗で言えば広告はチラシです。チラシを撒いて集客するのと同じように、アイテムマッチ広告を利用することで集客力は高められるからです。

　ただし広告は本来、儲けるために行うものであって広告費以上の利益を得られないと継続できません。それを知らずに行っても費用対効果が悪く、広告費によって赤字ばかりが膨らんでしまうので注意してください。

　アイテムマッチ広告を利用するのであれば、最初は月１万円くらいから始めるようにしましょう。

　アイテムマッチ広告は１クリックの最低課金額が25円なので、１万円だとつき400回のクリックを期待できます。購買率２〜３％で計算す

ると10個前後が売れる仮説が立てられます。

　そこから売れるようになったら徐々に広告費を上げていきましょう。ＰＲでトップに表示されることを狙うなら最低でも1クリック100円くらいはかけるようになると思います。

● 要注意！　アイテムマッチ広告の落とし穴

　ただし、アイテムマッチ広告には落とし穴も存在します。

　ここまで検索キーワードの重要性をお伝えしてきましたが、アイテムマッチ広告を使うのであればキーワードはより厳選することが必要になってきます。

　というのも、商品ページのキーワードとアイテムマッチ広告の表示ロジックが連動しているからです。アイテムマッチ広告は一般的なリスティング広告とは異なりキーワード設定ができません。

　そのため商品ページ内のキーワードと連動されているのです。

　ですから、アイテムマッチ広告を使うのであれば商品ページ内に使用しているキーワードをより厳選する必要が出てきます。

　例えば、マスクの洗浄剤を売りたいとして、キーワードに「マスク」と入っていると、マスクを買いたいユーザーの検索にも引っかかってしまいます。そのときにＰＲによって上位表示されていると、何気なくユーザーがそれをクリックしてしまうのです。

　それを買ってもらえるならいいですが、現実はニーズとマッチしていないため買ってもらえず、クリックによる課金だけが発生してしまうのです。

売れているキーワードは「プレミアム統計」で狙い撃ちにする

　では、どうやって検索キーワードを厳選するのか、というよりそもそも、どうやってキーワードを発見していくのでしょうか？

　答えはシンプルです。"カンニング"をしてしまいましょう。

　学生時代のテストではカンニングはＮＧですが、大人になってのビジネスでは問題ありません（というか、やるべきです）。

　そして、Yahoo! ショッピングにおいて検索キーワードをカンニングするのにとっておきの方法が「プレミアム統計」です。

　プレミアム統計は、Yahoo! ショッピングの販促オプションとして全ストアが加入申し込み可能な「プロモーションパッケージ」の中にある14特典の１つであり、分析ツールです（プロモーションパッケージの全特典利用のためには「ゴールド特典適用」が必要です。販売手数料として３％もかかります）。

　プレミアム統計の機能の１つに「検索流入レポート」があります。

　検索流入レポートは商品に流入した検索キーワードを、年月を指定してランキング形式でレポートしてくれる機能で、カテゴリでの絞り込みもできます。

　例えば「キーワード絞込」のボックスに「マスク」と入力してレポートを見てみます。すると Yahoo! ショッピング内でのマスクの検索ボリュームを知ることができるようになります。

　まず「キーワード検索ランキングと詳細情報」の「キーワード順位」を見てみると、当月から1年間のうちにどのキーワードが最も検索されたか、その順位を知ることができます。

　「マスク」「マスク 不織布」「マスク 不織布 立体」と1位から並んでいるのがわかると、それだけでも何を検索キーワードとして設定すればいいかがわかるでしょう。セルを横に見ていけばその検索キーワードで流入してきたユーザーの数、流通金額（売れた金額）などもわかります。

　たくさん売れているキーワードを優先して商品ページに入れることで、検索され・買われているキーワードを狙い撃ちで設定できます。

　さらに見ていただきたいのが「成長率」のセルです。

　1位の「マスク」や2位の「マスク 不織布」のキーワードであれば成長率は64％や50％となっていますが、6位の「マスク おしゃれ」や12位の「マスク バイカラー」を見ると成長率が266％や8000％という桁外れの数字を叩き出していることがわかります。

検索流入レポートを使ったSEO対策

キーワード	カテゴリ	キーワード順位	商品流入数	昨年同一期間流入数	成約率	経由売上金額	経由注文数	平均経由注文金額
マスク	ダイエット、健康>衛生日用品>マスク>	1	230,504	358,603	64.3%	9,926,864	14,270	696
マスク 不織布	ダイエット、健康>衛生日用品>マスク>	2	104,800	209,703	50.0%	5,035,327	6,993	720
マスク 不織布 立体	ダイエット、健康>衛生日用品>マスク>	3	82,090	229,704	35.1%	3,240,616	4,322	750
不織布マスク	ダイエット、健康>衛生日用品>マスク>	4	25,076	76,768	32.7%	1,035,843	1,505	688
立体マスク	ダイエット、健康>衛生日用品>マスク>	5	23,101	69,058	32.0%	752,629	1,011	744
マスク おしゃれ	ダイエット、健康>衛生日用品>マスク>	6	21,569	8,106	266.1%	721,232	937	770
アイリスオーヤマ マスク	ダイエット、健康>衛生日用品>マスク>	7	20,064	29,022	69.1%	1,913,879	1,249	1,532
立体マスク 不織布	ダイエット、健康>衛生日用品>マスク>	8	16,661	103,460	19.1%	526,279	769	684
マスク 立体	ダイエット、健康>衛生日用品>マスク>	9	15,937	20,967	76.0%	585,935	827	709
不織布マスク 立体	ダイエット、健康>衛生日用品>マスク>	10	13,607	47,442	28.7%	334,790	511	655
3dマスク 不織布	ダイエット、健康>衛生日用品>マスク>	11	13,283	37,887	35.1%	400,033	582	698
マスク バイカラー	ダイエット、健康>衛生日用品>マスク>	12	10,685	133	8033.8%	330,636	451	733
不織布カラーマスク	ダイエット、健康>衛生日用品>マスク>	13	9,723	2,510	387.4%	341,732	533	641
シンプラ マスク	ダイエット、健康>衛生日用品>マスク>	14	9,397	291	3229.2%	436,923	424	1,030

※Yahoo!ショッピングストアクリエイターProより引用

流入数が多いワードで商品名に入ってないものがないかチェックしましょう。
商品名は流入数が多いワードから関連性のあるものを順に並べましょう！

© 2023 EC-Consulting Japan Co., Ltd.

　ここから何がわかるかというと、マスクそのもののトレンドは昨年の同時期に比べてダウントレンドになっている一方で、マスクが防疫アイテムではなく「ファッションアイテム」として流行していることが見て取れます。

　「キーワード検索ランキングと詳細情報」の下の「商品流入推移」は年間を通したその商品へのユーザーの流入の増減を折れ線グラフにして示してくれています。

　赤線が昨年の推移で、青線が今年の推移です。マスク自体がダウントレンドになっていることが、折れ線グラフを見てもわかると思います。

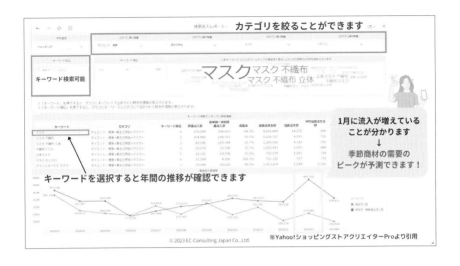

※Yahoo!ショッピングストアクリエイターProより引用

　もしもあなたがこれからマスクを仕入れるのであれば、一般の医療用マスクかオシャレ用のバイカラーマスクかどちらにするほうが勝算は高いでしょうか？

　もうおわかりかと思いますが、プレミアム統計は売れる検索キーワードを見つけるときの「解答」です。しかも、Yahoo! JAPANが公式に提供してくれているリアルタイムの正解データです。

　確かに、マスクについては画像で検索した時期のものになりますし、実際の利用には３％の手数料もかかります。

　しかし十分にその価値はありますし、別章で解説する毎月のイベント「ボーナスストア」への参加条件にプロモーションパッケージの加入があるため、はっきり言ってしまうと入らない選択肢はないと断言できます。

　実際に、私の経験でもプレミアム統計に救われたことがあります。

　睡眠時に着用するシームレスブラ（ワイヤーの入っていないブラ

ジャー）を検索キーワードにしていたのですが、プレミアム統計で調べたところ「ナイトブラ」のほうが流通金額と需要が大きく、間違っていたことに気づけました。

　検索キーワードは慣れている人でもミスをすることがあります。それにプレミアム統計のようなツールは本来なら情報商材系の会社が別オプションで販売していたりするものです。

　それを公式が機能として搭載してくれているのですから、使わない手はないと思います。利益率３割で考えたときの経費７割の中にこの費用を含めて考えても構いません。

　ぜひこれを活用してキーワードを狙い撃ちしましょう。

商品画像は０.５秒、商品詳細画像は３秒で判断される

　ネットショップ経営で売上を上げるためにはアクセス（クリック数）を増やすことが大事で、たくさん表示させるためには検索キーワードが重要です。さらに、表示されてもそれがユーザーの目に触れやすい状態にするためには上位表示が必要で、上位表示されるためには商品スコアを上げていくことが必要です。

　しかし、検索結果で上位表示されても完了ではありません。

　あくまでも検索結果として出ているだけで、ユーザーがクリックしてくれるかどうかは新たな要素にかかっていて、それが「１枚目の商品画

像」です。

さらに、クリックして商品ページに入ってきてもらってからでも、ユーザーに買いたいと思わせるのは2枚目以降の「商品詳細画像」の質です。

これらをないがしろにしていると、せっかくアクセス数を高めても機会損失につながってしまいますし、売上は2〜3倍、下手をしたら10倍くらい変わってきます。

具体的にお伝えすると、商品画像はサムネイルです。

YouTubeで再生数をアップさせるために最も大事なものがサムネイルだと言われるのと同じように、ネットショップ経営でもサムネイルが超重要です。

サムネイルを魅力的にする方法論としては着用モデルを加えたり「取扱説明書付き」「セット商品であること」のアピールをするなどさまざまですが、考え方として覚えておいていただきたいのが「0.5秒」で興味を引くキャッチーな画像にする、ということです。

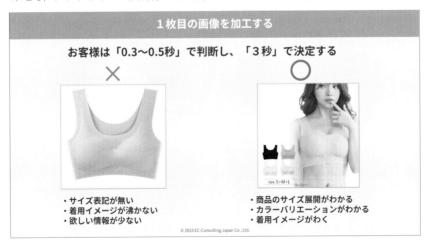

ユーザーが「欲しいかも」と思って指を止めても、じっと見て違うと思ったら通り過ぎてしまいます。その検討の時間はYahoo!公式で3秒と言われています。

ですから1枚目の商品画像が大事なのです。

● 商品詳細画像はストーリー性を持たせた順番で並べる

次に、目立つ画像で興味を引いてクリックしてもらったあとの商品詳細画像の考え方は「3秒で判断」です。2枚目以降の商品詳細画像は「買ってもらうための画像」で1枚目とは役割が全然違います。

1枚目で興味を持って入ってきてもらえても、2枚目以降で「違うな」と思われたら離脱されてしまうので、商品詳細画像では順番が大事になってきます。

商品詳細画像を検討し、並べるときに重要になってくるのが「2割の今すぐ客と8割の見込み客」という考え方です。

今すぐ客はすでに中身を調べて探している「目的来店」なので、画像がイマイチでも買ってもらえることもあります。しかし見込み客の場合はなんとなくで来店しているので「買わない理由がないこと」を説明していかないといけません。

ユーザーの心理を理解し、一歩先を行くストーリー画像が必要なのです。

1枚目を商品画像（サムネイル）として、

・2枚目：「こんなお悩みはありませんか？」と、ユーザーにとってその商品が「探していた商品であること」を認識させます。何かのアワードを取っているのなら「こんな賞を獲得しました」という権

威性を入れてもいいでしょう。

・3～5枚目：商品の特徴を「1画像1訴求」で伝えていきます。ポイント1・2・3というように1枚の画像で1つずつ訴求していくのです。トータル20枚の画像をすべて見るユーザーはほとんどいません。1枚でも多く読ませるために1画像1訴求で表現するのです（ポイントの数によって総枚数は変化します）。

・6枚目：商品の「仕様」を載せます。素材やスペックなどの商品の詳細です。ここは女性目線の考え方です。男性であればいきなりスペックから入っても興味を引いてもらえますが、女性の多くはまずイメージを伝えて興味を引き、そのあとにスペックを説明します。男性目線で入ると女性は興味を示しませんが、女性目線で入ると男性も興味を示してくれるのです。

・7枚目：商品の「カラーバリエーション」や「サイズ」を載せます。よくあるミスとして2枚目にこれらの画像を持ってくることがありますが、商品の良さが伝わっていない状態で載せても、ユーザーの興味を引けないのです。

・8枚目：購入した際の「取引ガイド」を説明します。商品補償（30日補償など）や取引の流れ、カスタマーサポート、返金保証など、顔の見えないネットショップから購入するユーザーが抱えているであろう不安を潰してリスクヘッジをしてあげます。安心して買ってもらうための情報を出し、買わない理由を潰すのです。

・9枚目：「ＬＩＮＥ登録」「メルマガ登録」などでクーポンを獲得できる説明を行います。ここまで来るとユーザーはほとんど買おうとしているので、クーポンがあることによって「さらに○％引きで買える！」という「リスクゼロの合う買うしかない状況」を作ってあげます。最後の一押しです。

　１画像１訴求の商品の特徴はポイントの数によって増減（それによる総画像枚数の変化）がありますが、基本的にはこの流れで商品詳細画像を設定しましょう。
　一例として私のストアの売れ筋商品の画像一覧を添付しますので、そのまま参考にしてください。

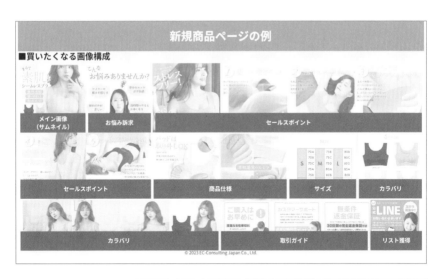

5

継続的な売上を作るための
販売手法があった！

なぜ100円で仕入れた商品を
1円で売るのか？

　リサーチ、出店手続き、出品＆商品ページ作成が終わったら、いよいよ販売をしていきます。このときの最初のテクニックとしておすすめなのが「100円で仕入れて1円で売る方法」です。

　もちろん、本当に100円で仕入れて1円で売るわけではなく、あくまでも比喩表現です。このテクニックの本質は「最初はライバルよりも安く売って販売数実績を作り、商品スコアを上げていく」です。

　何度もお伝えしていますがYahoo! ショッピングの商品スコアは「売上高」ではなく「売り上げた件数」で評価されます。同じ商品でも1万円のものを1件売るより1000円のものを10件売るほうが評価は高いのです。

　この基準に則すると、トップインフルエンサーがどのようにして最初にフォロワーを増やすためのブーストを行うか、その戦略を当てはめることができます。

　YouTuberでも何でも、最初にフォロワーを増やす方法として定番なのが「プレゼント企画」です。PlayStation 5やNintendo SwitchやMacBook Proを総額数百万円レベルのプレゼント企画を最初に立ち上げ、参加条件にチャンネル登録（フォロワー登録）を設定します。

　これによって最初期の段階で認知度を上げ、影響力を持ってから本番のプロモーションを行っているのです。

　このテクニックをYahoo! ショッピングでも活かすことができます。

仕入れた商品を最初は格安価格で販売します。

　仮に100円で仕入れて1円で売るとなると諸経費を含めて1つ300円の赤字になります。当たり前ですが、売れば売るほど赤字です。100個売れたら3万円の赤字になります。

　しかし、この考え方は裏を返せば3万円の経費で商品を100個売れたこととしても考えられます。

　第1章でお伝えした「売上＝アクセス数×購買率×客単価」の方程式を思い出してみてください。Adobe社の調査では購買率は3％（100人中3人）でした。

　つまり、100アクセスで3個売れるのであれば、100個売るためには33回の3300アクセス（クリック）が必要になります。

　アイテムマッチ広告の1クリックの最低単価25円で考えると広告費は8万2500円（＋税）です。しかもこの場合は最低単価であって、上位表示を狙うならもっと広告費がかかる可能性があります。

　仮に10万円と考えてみても、格安価格で販売をした場合の赤字額の3倍です。もしも同額の赤字を想定するなら300個以上が売れることになります。

　さらに言えば、アイテムマッチ広告で時間をかけて100個を売るとなると、1ヶ月で売れるかどうかはわかりません。

　しかし、格安価格であれば短期間でユーザーが殺到し、売り切れる可能性が高いです。「地道に売れる方法で広告費に10万円を使うか、一瞬で売れる方法に同額の赤字を覚悟するか、どちらがいいか」という話になります。

● 格安価格は「安い順」の１列目に来る価格でいい

　１円で売ると言いましたが、本当に１円で売る必要はありません。

　正確に言えば「販売している商材のメインキーワードで検索し、送料無料をチェックして、安い順で並べ替えたときの最安値より安く」すればＯＫです。

　本書ではすでに売れている人気商品を取り扱う前提なので、基本的にユーザーはあなたの商品を探しています。そしてユーザーは検索をかけたときに多くのケースで「安い順」に並べ替えます。

　ポイントは、単に価格を下げることではなくソートを行ったときに１列目になるくらいの価格帯まで下げることです。

　１列目のライバル商品が「500円」「520円」「540円」なら、あなたは530円くらいを狙えばいいのです。

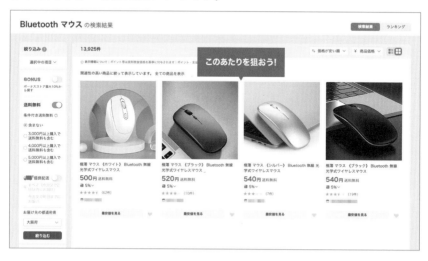

さらに、ただ安いと怪しまれる可能性があるので、商品画像の2枚目に「新商品販売記念セールです！」「期間限定価格です！」などと書くことで、ユーザーも納得して購入候補に入れてもらえます。

　そして、ある程度売れて商品スコアを上げることができたら通常価格に戻して通常の販売を行っていけばいいのです。

● テスト販売からの効率のいいブラッシュアップ方法

　第3章で「最初にテストで仕入れて販売する」という旨のことをお伝えしました。格安販売を行うことは、テスト販売とも絡められます。

　私の考え方としては、初心者が最初にテストで10個くらいを仕入れて検品をして商品に問題がなければ、すぐに格安価格での販売を始めてもらいたいです。

　現実の話をすると、格安価格で販売しても商品ページを作り込んでいないとなかなか動かないものです。商品画像、商品説明文をブラッシュアップする必要があります。

　しかし、そもそも格安価格でも動かないものを追加で仕入れても仕方がありません。ですから最初は「安いだけでも売れるかどうか」をテストするのです。

　それで少しでも動くなら芽があります。すぐに本格的に仕入れて同時に商品ページをブラッシュアップしていきましょう。するとムダがなく効率が良いです。

　最初は赤字かもしれません（利益が薄いかもしれません）が、それでも少しずつ積み上げていけば、稼ぎながらページをブラッシュアップし

ていけるのです。

　また、もう１つのポイントとして、赤字を出さないためにキーワードをいくつも抱えて検討するのもいいでしょう。

　例えば、ワイヤレスマウスなら「ワイヤレスマウス　Bluetooth」で検索すると２列目に来るものが「ワイヤレスマウス　充電式」なら１列目に来るようなことがあります。価格を極端に下げなくても検索キーワードで１列目に来るならＯＫです（必要に応じて価格を上げるのもいいでしょう）。

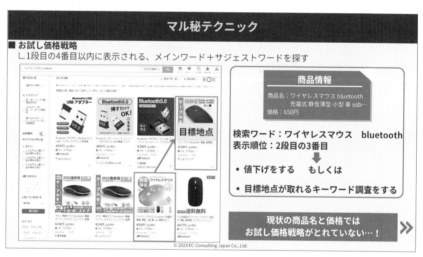

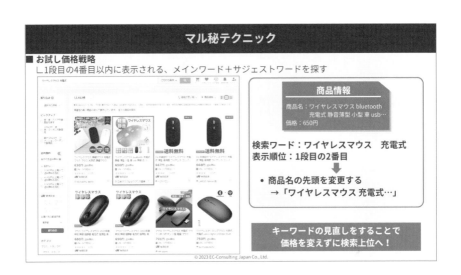

大切なのは単に価格を下げるのではなく「送料無料＆安い順」で並び替えたときに上位表示できるキーワードで対策することです。

格安販売の良いところは広告費０円でもできるので難易度が低く、売れた分だけレビューも稼げる可能性が高いことです。ライバルにレビューの数でも勝てる可能性があります。

格安販売を終えて、ブラッシュアップも完了して、商品ページの質も価格も同等、レビューも上回ると負ける要素はどんどんなくなっていきます。

LINE公式アカウントで
リピーターとレビューを獲得する

　格安価格を行う理由は商品スコアを上げるためだけではありません。

　これをきっかけにあなたのストアのリピーターやファンを構築するための方法論でもあります。

　ファンづくりに関しては別章で解説しますが、Yahoo! ショッピングでネットショップ経営を行うのであれば、必ずLINE公式アカウントと絡めた販売戦略を取っていく必要性があります。

　LINE公式アカウントは、コミュニケーションアプリ「LINE」上で企業や店舗がアカウントを作り、友だち追加してくれたユーザーに直接情報を届けられるサービスです。

　Yahoo! ショッピングでは、出店審査が通った際にLINE公式アカウント作成の案内が届きます。その案内に従って設定を行ってください。

　LINE公式アカウントを設定することで、購入者に登録を促し、登録をしてもらった際に自動返信でメッセージを送ることができます。Yahoo! ショッピングの管理画面上で作成したクーポンをリンクのURLで貼り付けることで、LINE友だち限定のクーポンを配布することができます。

　『友だち登録、ありがとうございます。特典として次回使える10％引きクーポンをプレゼントします。こちらからお受け取りください。※URLを記載』のようなイメージです。URLから飛ぶことで購入者は限定クーポンを獲得できます。

さて、話を戻します。

格安販売で購入してくれたユーザーに対しては、必ずＬＩＮＥ公式アカウントに登録してもらうよう、誘導を行わなければいけません。

まず、商品ページ内に『ＬＩＮＥ公式アカウントで友だちを募集しています。友だちになってもらえたら誰でも使える10％〜30％引きクーポンを差し上げます』などの文言で高割引クーポンを設置して誘導します。

短期的な格安販売で商品スコアを上げて上位表示にするプロモーションをしつつ、一定数をＬＩＮＥ公式アカウントに引き込むのです。

そして、次の商品を友だちになってくれたユーザーに告知をします。

最初の登録時に配布したクーポンを使ってもらうのもいいですし、新たに「３日間限定の友だちのみの半額クーポン」を設定してもいいでしょう。

友だち限定でクーポンを配布することで単なる安売りにならず、特別感も出るので購買率が上がります。限定クーポンでアクセスも比較的簡単に集められますし、「このストアは面白いことをする」とユーザーに気に入ってもらえます。

● 割引クーポンは使い方次第でストアの印象が変わる

ネットショップ経営では新規集客とリピーターづくりをバランスよく行い、継続的に購入される状態を作ることが重要です。

そして、購入してくれたお客様の満足度を上げるためには「お買い得感」が大切になってきます。「このストアで買って良かった」と思ってもらえるから不継続的に利用してもらえたり、ファンになってもらえるわけです。

お買い得感を演出するための方法論として便利なのがクーポンです。

販売価格からパーセンテージで割引が起こるので、あるとないとではユーザーの反応は大きく変わります。

ただし、クーポンには気をつけないといけない側面があります。

それが「理由説明が行われているかどうか」です。

例えば、常に5％引きのクーポンが掲示されているストアがあるとします。

そのようなストアに対して、ユーザーはありがたみを感じません。本来はストアが身銭を切るクーポンは努力している証しの1つではあるのですが、常に表示されていると"空気のようなもの"になってしまいます。最悪の場合は「そもそも商品価格を5％上げて設定しているんだろうな」と思われてしまいます。

そもそも人間心理として、5％という割引はお買い得度合いとしてはあまり高くありません。1000円の商品で50円の割引です。ミネラルウォーター1本も買えません。

10％でも厳しく、20％くらいで気になりだし、30％くらいで「お、いいじゃん」となり、50％になると「マジか！」となります。ありがたみが少なく、お買い得感もないクーポンなら設定しないほうがいいと私は考えます。

むしろ普段は通常価格で販売して「ここぞ！」というタイミングで大きく割引をするほうが新規客はつかめますし、リピーターたちにも「このストアはイベント日が特に気合を入れるから面白い」と思ってもらえるのです。

実際に、私がＡＢテスト（特定の要素を変更したパターンＡとＢを作成し、ランダムにユーザーに表示してそれぞれの成果を比較するマーケティングのテスト）を行った際も、クーポンの「３％と５％」では反応は変わりませんでしたが、クーポンの「ある／なし」では大きく反応がありました。

　お買い得感は人それぞれ異なりますが、それでもクーポンの見せ方・使い方ひとつでストアの印象は大きく変わりますので、効果的に使っていきましょう。

クーポンを絡めて４００文字以上のレビューを書いてもらう

　1920年代にサミュエル・ローランド・ホール氏が提唱した、ユーザーがモノを購入するまでのプロセスを表した法則に「ＡＩＤＭＡの法則」があります。

　マーケティングを考える上で必須のフレームワークなのですが、ことネットショップ経営においてはむしろ、2005年に電通が提唱した「ＡＩＳＡＳの法則」のほうが重要です。

　インターネット環境を考慮したユーザーの購買心理とは、

・認知する段階（Attention：注意）
・興味を持つ段階（Interest：興味）
・情報収集をする段階（Search：検索）
・購入する段階（Action：行動）

・共有する段階（Share：共有）

　というプロセスをたどります。特に注目すべきは興味を持ったあとには「検索」をして情報収集をし、購入後には感想を「共有」することです。

　ネットショップにおいて、この2つの役割を一手に担うのが「レビュー」です。あなたが格安販売で購入者をLINE公式アカウントに誘導したあとは、次は彼らにレビューを書いてもらうことをしなければいけません。

　ただし、レビューをお願いするときにはルールがります。

　まず「☆5のレビューをお願いします」と伝えるのはNGです。強制退会に処せられますので絶対にやってはいけません。

　そうではなく「400文字以上のレビューをお願いします」とするのです。

　400文字以上がポイントです。

　Yahoo! ショッピングのレビューは最大500文字です。

　そして、ユーザーが商品レビューを頼りにするとき、通常は「おすすめ順」で並んでいるものを参照します。そしてこの「おすすめ順」はなんと「文字数順」になっているのです。

　つまり、400文字以上〜500文字以内の文面がある高評価レビューを早い段階でお願いし埋めておくことで、あとから低評価レビューを書かれても更新されないようにできるのです。

　これは逆も然りで、最初にレビュー対策をしなかった結果、低評価レビューが上位に来ると巻き返しが難しくなり、売れ行きもピタッと止まって、それまでにかけたコスト（時間とお金）がムダになってしまいます。

やり方としては「400文字以上のレビューをお願いします」と伝える場合にレビュー御礼用のクーポンを設定することです。

「通常の文字だけのレビューあれば30％引き」「写真つきであれば40％引き」「写真と400文字以上であれば50％引き」など、次回のお買い物で使えるクーポンをプレゼントするようにするのです。

すると、ほとんどの人が書いてくれます。

さらに、高評価をお願いしなくても日本人の心理的に「返報性の原理」が働いて好感触のレビューを書いてくれるものです。

返報性の原理とは、相手から何かを受け取ったときに「こちらも同じようにお返しをしないと申し訳ない」という気持ちになる心理効果のことです。日本人は特にこれが強いです。

大事なのは文字数なのですが、やり方を間違えなければ9割のレビューが☆5で、1割くらいが☆4のちょうどいいバランスでレビューを獲得できます。

この施策を行うことで、

・LINE公式アカウントで購入者に友だちになってもらう
　　↓
・400文字以上レビューをお願いする
　　↓
・割引クーポンを配布して次の買い物で使ってもらう
　　↓
・リピート購入してもらう
　　↓
・400文字以上レビューをお願いする

↓

・割引クーポンを配布して次の買い物で使ってもらう

というリピートの無限ループに入ることができるのです。

メルマガを活用すれば「濃い目のファン」を育てられる

リピーター獲得の方法はＬＩＮＥ公式アカウントだけではありません。メールマガジンやバナーを使った集客、イベント告知、訴求も可能です。

他のＥＣモールとYahoo! ショッピングの大きな違いの１つとして「メールアドレスを取得できる」という大きなアドバンテージが存在します。

例えばAmazonや楽天市場では購入者のメールアドレスはマスキングされていて出品者側が手に入れることはできません。ネットショップ経営ではとても大切な「顧客リスト」が手に入らないのです。

仮にAmazonや楽天市場で大きく売れていても自社サイトなどに誘導できないため、もしもそこで販売をやめた時点でまた１から集客のやり直しになります。

ところが、Yahoo! ショッピングでは購入者のメールアドレスを手に入れることができます。しかも、そのアドレスに対して自社のＥＣサイトのオファーをかけることも禁止されていません。

つまり、より広い展開でビジネスを仕掛けることが許されているわけです。

ユーザーが購入するときに「メルマガを受け取る」のチェックボックスにチェックを入れてもらうと自然とメールアドレスが手に入ります。たまっていけば顧客リストとして資産化されるのです。

「でも、メールマガジンなんて今どき誰も読まないんじゃないの？」

そんな声が聞こえてきそうです。確かに、メールマガジンやバナー広告といったツールは時代遅れのマーケティング手法のイメージがあります。ですから、やらない人が多いのですが、私からすれば絶対にやるべき施策です。

メルマガの開封率は関係性の濃さによって変化しますが、薄いと5〜10％、濃いと20％程度と言われています。間を取って15％だとして、100人に送って15人しか開いてくれない計算になります。

そんな「届かない・開かれない・読んでもらいない」の"3ナイづくし"なメルマガですが、逆に言えばちゃんと中身を読んでくれる人はロイヤルカスタマーだと言えます。

そして、ちゃんと読んでくれている人は必ずと言っていいほどあなたのストアの濃い目のファンになり、イベントがあるごとに集まってくれる（時には買ってくれる）のです。ちなみに世の中には「ＬＩＮＥは見ないけどメルマガは読む」という人も一定数います。

ＬＩＮＥ公式アカウントでさまざまな告知をする一方で、メルマガにも訴求を行いましょう。

メルマガ読者限定でプラス5％クーポンをつけるのもおすすめです。

すると登録率も開封率も上がりますし、長期的な目線で見るとロイヤルカスタマーづくりにもなり、自社サイトへの誘導にも使えるのです。

● バナー広告にもクーポンや自社サイトを載せられる

メルマガ以外にバナー広告でもクーポン配布やページ誘導が可能です。

特にバナーでは「特集ページ」の誘導を行うといいでしょう。「5のつく日の限定セール中」のようなバナーを作り、クリックすると割引中の商品を一覧ページで表示させられます。

ストアのカテゴリを作るところで「セール商品」のカテゴリを作成し、セールで売りたいと思っている商品を移動させます。移動させたカテゴリのURLをバナーにリンクさせるとセール商品ページに飛ばすことができるのです。

イベントに便乗して売れ残り品であってもセール販売できます。

バナーはグラフィック デザイン プラットフォーム「Canva」のテンプレートを活用することで無料でも作成できます。正直、バナーのデザインはそこまでこだわらなくてもいいので、ライバルの商品ページに貼り付けてあるバナーを参照にすればいいでしょう。

　本書ではＬＩＮＥ公式アプリの文面やメルマガの文面などをＱＲコードからダウンロードしていただけますので、そちらを活用してもらえればと思います。

・キャンヴァ（Canva）
https://www.canva.com/ja_jp/

格安販売はやり方次第で信頼やブランディングが変わる

　ここまでお伝えしてきた格安販売ですが、実践する際の考え方としては、あくまでも「戦略的に行うこと」を念頭に置かないといけません。

　ネットショップ経営をしているライバルの中には、単なる安売りで値下げをしているところが少なくありません。このようなストアの仲間になってしまうとユーザーから「このストアはどうせ安売りするからそれまで待とう」と思われて商品が売れなくなってしまいます。

　さらに、値下げ→値戻しを何の前触れや告知もなく行うと、購入者からのクレームにもつながりかねません。

　これは私が過去にやってしまった失敗事例ですが、告知なしで大きく

値下げをした結果、値下げ前に買ったお客様から「返金してください」「差額分を返してください」という声をいただいてしまいました。

戦略性なしで格安販売を行うと「安売りで新規客を集めるだけのストア」になってしまいます。ストアの信頼度やブランド性に大きく影響してきますので気をつけてください。薄利多売で疲弊するだけの状態にもなってしまいます。

格安販売の戦略として大事なのは「期間限定」を打ち出すことです。

すでにお伝えした「新商品出品記念」以外にも、クリスマスや年末年始、ゴールデンウィーク、同商品の新色追加といったイベントなどのタイミングに行うことで限定感を出すことができます。

あるいは「先着300個まで」のような個数でも限定感を打ち出すことができます。これはクーポン配布でも同様です。「今、買わないと買えない感」を出すことで効果的に売上を上げて行けるのです。

また、もともと売れていた商品であってもライバルの増加などの影響で売れなくなることもあります。

要するに競争に負けてしまっているわけですが、このときに勝つ方法はたった1つ「商品スコアを上げて上位表示に戻す」しかありません。

この場合は100％アクセスが少なくなっていることが原因ですので、先述の限定セールを使って「今だけの格安販売」を行いましょう。

新規客を効率よく集めるための クーポン戦略

　格安販売以外にも、クーポン配布によって新規客を効率よく集客できる販売戦略が存在します。

　クーポン利用をするときに使える Yahoo! ショッピングの機能の「ストアーズ・アールエイト（STORE's R ∞)」です。受注管理システム内にある機能で、本来は販売促進ツールなのですが、販促や顧客管理・育成以外にもクーポンの発行・配信効果の分析などのさまざまな機能があります。

　Yahoo! ショッピング内のイベントやキャンペーン「５のつく日」「ゾロ目の日」「買う！買う！サンデー」「超 PayPay 祭」があるときに、事前にクーポンを配布する設定が可能です。他にも「お誕生日月のバースデークーポン」や「新規客限定クーポン」なども存在します。

　何かしらのイベント時には「新規限定クーポン」で20〜30％という割引率の高いクーポンを発行することで、ユーザーにお得に買ってもらえるだけでなく、新規客を効率よく集められます。

　ストアーズ・アールエイトを利用するための条件は２つです。

・Yahoo! ショッピングの成功報酬型広告「ＰＲオプション」に加入している
・Yahoo! ショッピングの「プロモーションパッケージ」に加入している

この２つのうちのどちらかを満たしている必要があります。

ＰＲオプションは商品が売れた際に販売手数料を支払う広告サービスで、利用のためには月11万円以上の売上達成が必要とされています（※当社調べ）。

プロモーションパッケージは第４章のプレミアム統計の項目でもお伝えした販促オプションです。加入していることでストアーズ・アールエイトを使えるようになります。

私個人のおすすめとしてはプロモーションパッケージへの加入です。

既述のプレミアム統計に加えてストアーズ・アールエイトの利用、さらに別章でお伝えするキャンペーン「ボーナスストア（旧・倍！倍！ストア）」に参加するための条件でもあるからです。

売上を確実にアップさせられる３つの施策と機能をプロモーションパッケージの加入ひとつで実現できるわけですから、使わない理由はないと思います。

48時間以内に３回アプローチ＆ゲリラクーポン配布

さて、クーポンを活用して集客と購買率を上げていくわけですが、このときにYahoo! ショッピング内の多数のイベント・祭りを見逃してはいけません。

このときはYahoo! JAPAN自体が大々的に集客をしてくれるので、そこに便乗して一気に売上を伸ばしていきましょう。特にPayPayポイン

トが増加する「5のつく日（5日／15日／25日）」の集客は普段の倍以上と言われています。

　この「5のつく日」を狙って「4日の夜から3回お客様にアプローチする」という禁断のテクニックがあります。

　まず、4日の昼〜夜（夕方）にかけてＬＩＮＥ公式アカウント会員やメルマガ読者に対して、こんな告知をします。

　『明日は5のつく日です！　イベントをやりますので、ぜひよろしくお願いします。もしかしたら"ゲリラクーポン"を配るかもしれません！』

　Yahoo! ショッピングでは、ストア側がユーザーを選んで不意打ちの"ゲリラクーポン"を配布することができます。

　ユーザーの関心を引くため、こんなふうに「匂わせて」おくことが大切です。

　さらに前日に送っておくことで、当日に予定が入って来店してもらえない事態を防ぎます。

　また「5のつく日」にストア側でもセールなどのイベントを同時に開催することができます。「さらに値下げされるかも……」とユーザーに期待させるため、告知文には必ずイベントのお知らせも盛り込みます。

　次に、5日の朝（午前中）にリマインドをします。

　『今日は5のつく日！　〇〇イベント（キャンペーン）をやりますので、ぜひよろしくお願いします！』

　このときに当日限定の割引クーポンを送ります。当日限定ですので「23時59までであること」を必ず伝えましょう。「先着○名様」として

もいいでしょう。

　そして、最後のアプローチです。

　5日の夜8時、残り4時間ピッタリのタイミングでメッセージを送ります。

　『お買い忘れはありませんか？　今から4時間限定で使えるゲリラクーポンを特別に配布します！』

　ゲリラクーポンをこのタイミングで配布することで、買おうか迷ってカートに商品を入れておいたユーザーの背中を押すことができます。

　すでに10％引きを配っているなら20％引きクーポンを配ったり、このタイミングで先着50名クーポンを配布するのでもいいでしょう。配布枚数はYahoo! ショッピングのシステムで設定できます。

　この「48時間作戦」は「もしかしたらゲリラクーポンがもらえるかも……」と期待するユーザーにあらかじめ商品をカートに入れておいてもらう効果もあるのです。

単価アップのために小さな付加価値をつけることを検討しよう

　本章でお伝えしてきた販売テクニックを駆使することで初動のブーストアップや、継続的・安定的に売上を維持していくことはできるはずです。

　ただそれ以外にも、少し上級者編にはなりますが付加価値をつけた販売を行うことで、同じ商品を何倍もの単価で販売できるようになります。

付加価値とは、要するにプラスαの要素です。

　例えば、日本語の取扱説明書をつけます。中国輸入の商品には取扱説明書がついていなかったり、ついていても中国語だったりすることがよくあります。

　そこでストア側で取扱説明書を作成し、商品につけてあげるといいのです。

　これだけでも親切ですし、価格を少し上げても選んでもらいやすくなります。

　説明書と言っても難しいものである必要はありません。

　WordやExcelを使って箇条書きにするだけでも十分です。イラストを載せたりする必要はありませんので、まずここから取り組んでみてください。

　他にも、よくあるパターンとしては「眼鏡」を出品するときにクロス（眼鏡拭き）とケースをつけてセット販売する方法です。

　これはマーケティングにおける「バンドル販売（まとめ売り）」と呼ばれるもので、昔の「ハンバーガーとご一緒にポテトもいかがですか？」の考え方です。

　眼鏡を買うユーザーは、必ずクロスとケースも購入します。結局どこかで買うのであれば、最初からこちらでつけてあげればいいのです。

　商品画像の見た目もゴージャスになるので、眼鏡単体だと1000円の商品がセット販売だと2980円で売れたりします。

　さらに上級者になると、フィットネス用のトレーニングチューブ（ゴムバンド）にエクササイズＤＶＤをつけてセットで販売する方法も出てきます。チューブ単体では1000円ほどのものが5000～6000円で売れ

たりします。

　かつて日本で大ヒットした商品に『ビリーズブートキャンプ』があり
ました。米軍の新兵向けの基礎訓練「ブートキャンプ」がベースにビリ
ー・ブランクス氏が考案した短期集中型のエクササイズです。まさに
トレーニングチューブとＤＶＤのセットでしたが、当時１万円以上で売
られていました。

　ＤＶＤは１枚数百円です。ですから、かなりの高利益です。

　ただＤＶＤセット販売は、インストラクターの撮影や編集、ＤＶＤへ
の書き込みなど、多少の手間とお金がかかります。

　インストラクターに関してはクリエイターのマッチングサイトやクラ
ウドワークスを活用し、専門家を募集すると10万円ほどのギャラでダ
イエットインストラクターを雇うことができます。

　撮影、動画編集等は自分でやればお金はかかりませんが手間がかか
り、このような業務も外注すればお金はかかりますが手間なしで高いク
オリティのものができあがります。

　しかし、どちらにしてもコストがかかるのは最初だけで、あとは量産
して販売していくだけです。

　また、ＤＶＤと聞くと「今はＱＲコードでYouTubeに飛ばせばいい
んじゃないの？」と思うかもしれません。

　しかし、これはポイントの１つで、世の中には"モノ"が欲しい人が
一定数いるのです。iTunesやAmazon Musicが主流になった世の中で
もレコードやＣＤで持っていたい、手にしたいニーズはなくならないの
と同じです。

初級〜中級（上級）まで、付加価値をつける方法をお伝えしましたが、あなたが取り扱う商品で「どんな付加価値をつけられるのか」を考えるところからがスタートです。

　もしもそれがユーザーのニーズにヒットするのであれば並行して輸入をし、ぜひ単体よりも数倍以上の売上を目指してみてください。

6

ネットショップ経営の
"あるある" な落とし穴

ライバルが同じ商品を売り始めたら どうするか？

　本章ではネットショップ経営を始めた人に起こりがちな落とし穴、あるあるな注意点をお伝えしていきます。落とし穴だけでなく回避する方法も併せてお伝えしますので、実際の運営に役立てていただけたらと思います。

　最初に、必ず起こるのが「ライバルが同じ商品を売り始めること」です。
　私がコンサルティングを行っていても「ライバルが私の真似をしている」という意見をよく聞きます。しかし、そもそも本書の内容は、すでにライバルが売っている「売れている商品」を自分も同じように仕入れて販売する方法論です。
　ライバル側からすればあなたの登場によって「新しくライバルが自分の真似をして売り始めた」となります。あなたにライバルが登場したことで感じることを、すでにあなたも感じさせているわけです。

　このような、言ってみれば"パクリパクられ"の世界で真似されることをいちいち気にしていても精神衛生上、良くありません。
　まずは「真似されるのは仕方がないこと」だとインストールしましょう。
　その上で「自分も真似されるくらいの知名度になった（それだけYahoo! ショッピング内で目立つようになってきた）」と考え、有名税だと思いましょう。
　ライバルの登場はあなたにはコントロールできません。
　自分でコントロールできないことをどうにかしようと手間暇をかける

ことほど時間がムダになることはありません。精神をすり減らすくらいなら「気にしたら負け」と考えを変えてしまうべきです。

　大切なのはライバルが登場しても負けないことです。

　本書でお伝えしているノウハウを繰り返し実践して、前を向いて売れる商品をどんどん仕入れて販売し、自分なりのＰＤＣＡサイクルを回すことに注力してください。

　ライバルを意識して値下げ合戦に参入しなくても、ＬＩＮＥ公式アカウントやメルマガ読者向けにリピード販売を強化したり新商品のダイレクト販売をするなど他にも方法はあります。

　現在以上の販売力をつけ、前を向いて継続していきましょう。

仕入れ原価の計算ミスで
普通に売っても赤字になる

　次によくありがちなのが、仕入れ原価の計算をミスするケースです。

　アリババで10元と書いてあって、日本円のレートで計算すると200円になるからと言って、それをもとに販売価格を計算して売ったら原価が思った以上にかかって利益が出ないことがよくあります。

　第３章でもお伝えしましたが「商品原価にレート＋10〜20円」で考えなければいけません。

・メール便やポストに入る小さいサイズ：レート＋10円
・両手で収まる程度の宅配便サイズ：：レート＋15円

・両手で持つ（抱える）程度の宅配便サイズ：レート＋20円

この基準を改めて思い出してください。

レートに関してもこまめにチェックすることが必要です。2023年9月現在、人民元は「1元＝約20円」ですが、2020年は約15円でした。たった3年で5円も値動きしています。これを見逃しては原価計算をしたつもりが思った以上に日本円が出ていくことにもなりかねません。

外為（外国為替）は常にレートが変化することを念頭に起きつつ、仕入れるたびにレートを確認するのでもいいくらいです。

● リサーチ力をつけて「売れる人」の目線を持とう

もう1つ、失敗しやすいケースとしては原価計算をしつつも相場観を考えずに価格設定をしてしまうパターンです。

右記の基準に照らして仕入れをしたときに、欲が出て「利益がこれだけのパーセンテージで欲しいからこの金額で売ろう」となってしまうのです。

その際にライバルが販売している価格＝相場価格を調べずに利益優先で適当に価格設定をしてしまうと —— 例えば相場が1200円のところに2000円で価格設定をしてしまって、いつまで経っても売れずに失敗してしまいます。

『すでに売れている商品の売れている相場を見て、仕入れ計算・原価計算をして、それでも利益が出るなら手を出す』

あくまでも、本書でお伝えしてきたやり方はこれです。このくらい手

堅くやるからうまくいくのだと思ってください。

そして、そのためにはリサーチ力が重要になってきます。

Yahoo! ショッピング内のリサーチももちろん重要ですが、可能であれば外部のブログやYouTubeなどの動画サイトも見て、出品する商品そのものの知識をあなたの中でも増やしていきましょう。

外部のブログや動画では専門家が魅力を語ってくれています。「なぜ売れているか」「何が理由で人気なのか」ということを伝えてくれています。

商品知識を増やしていくことで、売れている商品が「一過性のもの」か「継続的ニーズがあるもの」かもわかってきますし、商品の魅力や特徴や説明文の側面でも「何をユーザーに伝えればいいか」が見えてきます。

知識の引き出しを増やすことで「売れない人」から「売れる人」になれます。

ネットショップだけにとどまらず、物販ビジネスで稼げる人はみんな「何が売れるか」をすぐに見抜く目を持っています。

その能力を培うためにも、あらゆるリサーチを欠かさないでください。

慣れてきた頃にお客様対応を誤って大炎上する

物販ビジネスにはつきものの事柄として「商品の不良」があります。

どんな商品でも100個あれば1～2個は不良品が混ざってしまうため、中国輸入でビジネスをしていると、どこかのタイミングで不良品が

お客様に渡ってしまうことがあります。

　コールセンターの外注をしていない場合、当然ながら不良品の対応はネットショップ経営者であるあなたがしなければいけません。そのときに注意してもらいたいのが「慣れてしまって事務作業になってしまわないこと」です。

　日本語には「好事魔多し」という言葉があります。物事がうまく進んでいるときほど意外なところに落とし穴がある、という意味です。

　私は過去にこれで大失敗をし、大炎上させてしまったことがあります。

　ネットショップ経営を本格的に始めて8ヶ月くらいが経った頃でした。月商が1000万円を超え、しかも1人でやっていたためものすごく忙しく、毎晩夜の12時まで働いていました。

　ですから、お客様対応も決して1人ひとり丁寧にはできませんでした。

　あるとき、カー用品を購入されたお客様から初期不良の知らせがメールで届きました。お客様からは「交換してほしい」という一文が添えられていました。

　しかし、当時の忙しすぎた私は「返金します」と対応してしまいました。

　それが自分の中で最上級の対応だと思っていましたし、メールを見て「不良」の文字があれば返金、「届かない」の文字があれば再送する対応が自分の中でテンプレート化していたからです。

　交換対応を希望されていたのに返金で対応しようとした私に対して、お客様はお怒りになりました。返金することで取引を終わらせようとした私の態度が伝わってしまったのだと思います。

　お客様から電話がかかってきて、深夜に2時間ほどクレーム対応をすることになりました。しかも、当時の未熟だった私は対応に失敗し、火

に油を注ぐ結果になってしまいました。

　代替商品が無事にお客様のところに届くまで何度も電話対応と説明に追われました。事件が起こってから数日間は他に仕事が手につきませんでした。

　他にも、シャワーヘッドが流行したときも別の形でプチ炎上がありました。

　当時の私は「儲かれば何でもいい」の精神だったため、とりあえず流行っていた高性能シャワーヘッドを仕入れて販売しました。流行もあってものすごく売れたのですがクレームも続出しました。

　あまり考えず仕入れたため、売れているけど実は品質が悪く、10個中4個が不良品というとんでもない事態になりました。実際にライバルが販売しているシャワーヘッドの商品ページのレビュー欄を見れば、そのような情報が書かれていたため回避できたはずですが、当時の私はそれを怠っていました。

　結果、返金対応で儲からず、レビュー欄も荒れて、対応にあたってくれたスタッフも心労が祟ってたのでしょう、しばらくして離職してしまいました。「骨折り損のくたびれ儲け」以上の事態になりました。

　これらの事例は今も私の中で戒めとして心にとどめている記憶です。
　リサーチ不足やお客様のことを考えない対応、過剰に忙しくなって心に余裕がなくなることは、慣れてきた頃に起こりがちです。
　ほんの一時のミスが大炎上につながりかねませんので気をつけましょう。

意匠権侵害で1000万円の損害賠償が来た

　前項では私の事例でしたが、他にも起こりがちなこととしては「イリーガル案件（違法案件）」になってしまうこともあります。

　中国輸入において最も注意しなければならないものの1つに、日本の著作権、意匠権、商標権などの「知的財産権」を侵害した販売があります。私の知る限り複数の「知的財産権侵害」に関する事件がありました。

　1件目は美顔ローラーや腹筋マシンで有名なM社の模造品だと知らずにアリババから商品を仕入れ、販売してしまったケースです。

　本物とそっくりの見た目で本物より安いため、売れ行きは好調でした。

　しかし、販売開始から2年ほど経ったある日、弁護士から書類が届き、呼び出されました。行ってみると弁護士、弁理士、M社の責任者の方に囲まれ、こう言われました。

　『お金で解決しますか？　それとも争いますか？　こちらは証拠をすべて押さえているのですが……』

　その方は商品にブランド名やロゴが入っていなかったので「ノーブランド品だ」と思って悪意なく仕入れたそうです。しかし、その商品はM社が「部分意匠」を取得していたものであったため、結局、1000万円の損害賠償金を支払うことになってしまいました。

　このようなケースを防ぐためには、リサーチ段階で商品タイトルなどにブランド名や特徴的な文言や固有名詞が入っていたらGoogleで検索してみることです。

　すると、公式サイトが出てくることがほとんどです。

公式サイトを見れば、ある企業のブランド商品だった、ということを仕入れる前に知ることができます。

　2件目は『鬼滅の刃』に登場する黒と緑の市松模様マスクの類似品を売っていた方のケースです。

　この場合は柄がそっくりであることが問題だったのではなく、商品名に「鬼滅の刃風」と書いていたことが商標権侵害に該当していたのです。

　メーカーからYahoo! ショッピングにクレームが入り、その方はアカウントを停止され、ビジネスができなくなってしまいました。

　「～風」「～タイプ」と書かれた商品はインターネット上にたくさん出回っていますが、実は「商標権侵害」に該当する恐れがありますので販売するときには注意が必要です。

　3件目のケースでは、18金メッキのネックレスを「18金」と表記して販売し、「詐欺だ」「消費者センターに駆け込むぞ」と言われたケースです。売り手側は悪気がなかったのですが、これは明らかな表示間違いでした。

　しかも、その商品は数千円でした。18金のものが数千円で売られていることはまずないのですが、世の中にはそういった「明らかに違うとわかる商品」であっても買ってしまうお客様はいます。

　結果、その方は少額訴訟を起こされ、敗訴しました。説明文に「金のネックレスで～」的な文章があったので「誤認させた」と判断されたのです。

　裁判費用と裁判にかかる時間で多くの損害を出してしまいました。

　このように書くと「ネットショップ経営は怖いのでは」と思うかもし

れません。しかし、対処法はあります。

　まず、本書で繰り返しお伝えしている「すでに売れている商品を自分も売る」のやり方です。これだと異常性がある場合はすでに先行者がそのような事態になっているため、低リスクでやることができます。

　もう1つは輸入代行業者として「ラクマート」を使うことです。ラクマートは法律関係のことに厳しく、仕入れようとした段階で「○○法に引っかかるのでダメです」と言ってくれます。

　もちろん、これらのことで100％防げるとは言いませんが、リスクはかなり低減できます。

なぜおじさんは「レディースアパレル」をやってはいけないのか？

　本書で繰り返しお伝えしている「すでに売れている商品を自分も売る」には1つ大事なルールがあります。それが「ＴＴＰＢのルール」です。

　恐らくＴＴＰＢに聞き覚えはないと思います。なぜなら、私がここで初めて提唱したからです（笑）。

　ビジネスの世界には「ＴＴＰ」というものがあります。「徹底的にパクる」です。そこにさらに「ブラッシュアップ」を加えたものが「ＴＴＰＢ＝徹底的にパクってブラッシュアップ」です。

　しかし、ネットショップ経営で失敗する人はこのＴＴＰＢができません。

　より正確に言うなら「パクり切れない」のです。

　世の中で流行っている商品なら、売れている商品ページを徹底的にパ

クったら同じように売れるはずです。ですが、本当にそのまま丸パクリをせず、少し自分なりのアレンジやオリジナル要素を入れてしまおうとします。

そのアレンジやオリジナル要素が邪魔になってしまうのです。

その象徴として私は「おじさんがレディースアパレルをやると失敗する」という表現を使っています。

男性 ―― 特におじさんと呼ばれる世代が人気商材の多いレディースアパレルに手を出そうとすると女性目線を取り入れられず、商品画像に明朝体のフォントで文字を入れてしまってダサいページにしてしまうことがよくあります。

ファション系商品はオシャレ感が大事なのに、ダサさが際立つと誰も買ってくれません。しかも、そのことにも気づきません。

他にも、冬の寒い1月や2月になってからコートを仕入れたり、逆に暑い夏になってから水着を仕入れたりします（ハロウィン直前にハロウィン衣装を仕入れるのも同じです）。

本来はコートであれば11月頃までに、水着であれば6月頃には発注を済ませておかなければいけません。

それなのに「なぜその商品が売れているか」「訴求ポイントは何か」「画像の見せ方・ライティングはどのようなものがいいか」などの知識がない状態で始めてしまって、しかもオリジナルアレンジをしてしまって失敗します。

このような事態にならないためには、まず自分が明らかに専門外であるものにはできるだけ手を出さないようにすることです。

そして、出品を考えるなら（得意分野でないものに手を出す場合でも）ＴＴＰＢを徹底することです。

　ＴＴＰＢは「足し算」で考えなければいけません。参考となる商品ページを３つくらい用意しておいて、それぞれにない要素（画像、ライティング）」を全部足していくのです。

　ここで自分なりのオリジナルアレンジを加えてはいけません。

　多くの人は丸パクリすることに引け目を感じて"ちょっとマイナス"してしまいます。鮭と昆布とツナのおにぎりを用意して、いいとこ取りで全部足すから「ばくだんおにぎり」というＴＴＰＢ商品を作れるところを、逆にマイナスしてしまうと"ただの塩むすび"になってしまいます。

　ＴＴＰＢを徹底している人は少ないです。だからこそ、あなたが徹底することでライバルに差をつけられるようになるのです。

やってはいけない断トツ１位は 「在庫を切らせること」

　どんなビジネスでも失敗する人にありがちなのは精緻な計算をしないで、どんぶり勘定な経営を続けてしまうことです。ネットショップ経営でも仕入れがいくらで、販売価格がいくらで、利益がいくら残っているのかをきちんと帳簿上で管理する必要があります。

　私の周囲でも体感７割くらいでこのような管理をやっていない人が多いです。

　「月の売上が100万円になりました」と言うので「利益はどれくらい

残っていますか？」と聞くと「まぁ、月30万円くらいですかね」という曖昧な返事が返ってきます。

　売上が立つとお金は入ってくるので、それで少し豊かな生活ができるようになると、つい利益計算や管理まで意識が回らなくなるのです。

　同じように、ネットショップ経営ではもう1つとても重要な管理があります。

　それが「在庫管理」です。

　そもそも商品在庫がなければ売るものがないので売上が立ちません。それにもかかわらず、在庫がほとんどなくなってしまっている状態になって初めて次の発注をかける人がものすごく多いです。未来の売上予測を見ていない、在庫管理もしていないから「なくなってから発注」になってしまうわけです。

　ネットショップでは在庫切れは絶対にやってはいけません。これは断トツ1位で重要なポイントです。

　ECモールでは商品スコアが何よりも重要なので、計測期間中に在庫を切らしてしまうとその期間の販売実績はゼロになってしまいます。特にYahoo! ショッピングのような「件数」が重要なところでこれは致命的です。

　それまでかけた苦労がすべて水の泡になり、一気に振り出しに戻ります。相対的にライバルは売れているのでどんどん順位は下がり上位表示されなくなるので、仮に在庫を戻せたとしてもまた1からやり直しになります。

　自社サイトであれば「注文殺到で予約受付中」とできますが、Yahoo! ショッピングの場合はそれができないので順位は下がるばかりです。

ですから、在庫は１日たりとも切らしてはいけないのです。

売上管理も在庫管理も、対策は１つです。
「毎日見て、状況をチェックして、先手で動く」です。
Excelで帳簿を作って管理するのでもいいですが、在庫管理であれば商品ページを作るときに在庫数も入力するので、毎日、管理画面から在庫一覧を見る習慣をつけましょう。

もしくは、在庫管理のテクニックになりますが、カラーバリエーションやサイズを多岐にして「他の在庫はある状況」を作っておきましょう。
例えばＴシャツであれば、仮に白や黒の人気色は在庫切れでも、グレーや青や赤の色が残っていれば通常通りに戦えます。サイズもＭが在庫切れでもＬやＸＬがあれば戦えます。
ですから、普通では選ばれない不人気色やサイズ（３ＸＬまで）を戦略的にラインナップにして用意しておきましょう。

本書をお読みいただいているあなたのためにオリジナルの在庫管理シートもプレゼントしますので、ここに毎日どれだけ売れたかを入力して平均値を出してください。
毎日売れた数がわかると平均値がわかります。30日を掛ければ未来の必要在庫も予測できます。そうやってバランスのいい管理を行ってください。

「誇大広告」「放置」が常習の ＥＣコンサルタントに要注意

　ネットショップ経営を始めるときに、初心者であればあるほど最短ルート・最小効率で成功したいと考えてしまいがちです。

　決して悪いことではありません。本書を手に取ってくださっているわけですから、その意気込みや考え方は決して間違っていないと私も思います。

　しかし、世の中にはそのような最短ルート・最高効率を求める人たちをカモにして儲けようとする悪徳業者が跋扈していて、あなたを落とし穴に引きずり込もうと手薬煉を引いています。

　悪徳業者の例としては、例えばＸ（旧 Twitter）や YouTube 広告などでキラキラ系の情報発信をしているインフルエンサーやＥＣコンサルタント（コーチ）などがそうです。

　『１日１回30分、スマホを触るだけで月収30万円稼げる！　自動収入ができる物販ツールを開発しました！』のような文言で広告宣伝を行いますが、実際はそんなことでは稼げません。

　このような悪徳業者は仮に依頼をしてもほとんど対応をしません。

　そもそもの費用が高額だったり、コンサルティングを受けても１週間くらい返事がなかったり、サポートの質が低い（レスポンスが遅い、内容が稚拙）なことがよくあります。これは私の実体験でもあります。

　そもそもコンサルティングとは、寄り添ってくれたり、戦略を提案してくれたり、「こうしなさい」と答えを提示してくれたりするものです。

それにもかかわらず質問に返事がなかったり、返事の内容が2〜3行で薄いものだったり、もっと酷いものだと質問に対して「Googleで調べてください」「マニュアルを再度熟読してください」というとんでもない返事が戻ってきます。

物販ビジネスで少しうまくいくと、すぐにそれをオンラインスクールやコンサルティングなどの情報商材に変えて別のキャッシュポイントを作ろうとする人がよく出てきます。それ自体は悪いことではありません。

しかし、仮に「その人自身」が結果を出して凄くても、経営に回った途端に杜撰になったり、サポートの質が下がることはよくあります。

いつの間にか「情報商材を売ること」がゴールになってしまって、お金が入ると購入者のことなんてどうでもよくなってしまうのです。

こういった悪徳業者は本当に多いので注意してください。

回避するためには基本的なことですが「バックボーンがしっかりしているところ」を選ぶようにしましょう。要するにコンサルティング企業です。

私が騙された人たちにヒアリングをすると、多くの場合で「コンサル会社はハードルが高く、個人コンサルのほうが気軽だから」という声が挙がります。

ハードルの低い個人コンサルタントがSNSなどで発信していると、単純接触効果でそれだけ親近感も湧くので、つい頼っても大丈夫だと信用してしまうようです。

個人コンサルを決して悪く言うわけではありませんが、せめてバックボーンの明確さとして「最低限、名前と顔出しをしていること」が必要

です。

　組織体にしているのであれば住所や電話番号がきちんとしたものかどうかです。よくあるケースとしては都心の一等地にオフィスを構えているようで、よくよく住所を調べてみたらインキュベーション・オフィス（レンタル・シェアオフィス）だった、ということもあるので注意してください。

　あるいは、Yahoo! ショッピングで出店するのですから、第4章でもお伝えしたYahoo! ショッピングの「コマースパートナー」を頼ってみてください。

　コマースパートナーはYahoo! JAPAN の看板を背負っているので下手なことができません（下手なことをすると解除されてしまうのです）。

　悪徳業者に引っかからないための方法論の1つとして覚えておいてください。

過度にがんばりすぎるとすべてを失うことにもなりかねない

　ネットショップ経営がうまくいくと、思うように売上が上がって利益が残り、「もっとがんばろう」「もっと稼ごう」と考えてしまいがちです。

　稼ぐのは悪いことではありませんが、過度にがんばり過ぎた結果、すべてを失いかねません。まさに、私がそうでした。

　27歳のとき、私はネットショップ経営を本格的にやるために副業と

して集中していました。毎日8時間、パソコンの画面を凝視してネットショップ経営に夢中になっていました。

副業でしたから、本業の仕事もありました。

幸い、仕事内容的に残業がなく、毎日定時に帰れてはいましたが、通勤時間が片道1時間半もかかる勤務地だったため、通勤の往復3時間＋休憩時間の1時間、さらに帰宅後の4時間ほどをネットショップ経営に費やしていました。

毎日寝るのは3時頃です。起きるのは朝6時でした。こんな生活を2年間ほど続け、月の売上350万円（利益100〜150万円）を稼げるようになりました。

しかしあるとき、糸が切れました。

ある夜、私は原因不明の腹痛に見舞われトイレに駆け込みました。

お腹を下しているわけではなかったですが腹痛は収まらず、やがて脂汗が浮かんで、気づいたときにはトイレで倒れていました。

視界がぼわーんとぼやけて、目の前に口を動かしている妻の顔が見えました。やがて遠くから「大丈夫!?」という声が聞こえてきました。どうやらトイレからすごい音がしたそうで（私が倒れた音です）駆けつけてくれたのです。

病院に行くと迷走神経反射だと診断されました。緊張やストレスなどが原因で血圧の低下や脈拍の減少などを起こして失神する症状です。そこから私はうつ病も併発しました。

病院からうつ病の薬を処方されましたが、うつ病の薬を飲むと頭が回らなくなって仕事ができなくなります。私はしばらく副業ができなくなり、本業の給料だけの生活になってしまいました。

ネットショップ経営でうまくいくと、誰にでも起こりうることがあります。

　まず、本業よりも稼げるようになるので、もうサラリーマンの給料で働くことがバカらしくなるのです。当時の私の手取りは月18万円でしたが、1日8時間・月160時間も働いて18万円しかもらえない現実にやってられなくなりました。

　加えて、経営者として新しいビジネスで稼げるので価値観も変わります。サラリーマンの考え方ではなくなり、上司にリスペクトを感じられなくなって、人間関係がストレスになっていくのです。

　さらに、これは家族を持っている読者には注意してもらいたいのですが、だんだんと家族が邪魔に感じるようになります。

　自分が働くことで稼げて生活レベルが向上しているのに、夫の役割・父親の役割を求められることに煩わしさを感じるようになるのです。家族からの「仕事よりも家族を大切にして」の言葉が「家族を大切にするために仕事をしている」という自分の認識とのズレにつながり、ストレスになって行くのです。

　これが悪いほうに進むと驕り昂りに変化します。「俺のおかげでこの生活が維持できるんだぞ、それを邪魔するのか！」となるのです。私はそうなる前に倒れましたが、人によっては離婚の危機や家族が崩壊しかねません。

　すべてを失いかねないのです。

年商1000万円になったら立ち止まって「この先」を考えよう

　前項では私の失敗事例をお伝えしましたが、こうならないためには売上が1000万円ほどになったら一旦立ち止まってみることです。

　1日2時間で月商100万円を達成できた時点で年商1200万円です。毎月の利益としては30万円（年収360万円）くらいが手元に残っているはずなので、この時点で「この先どうするか」を考えてみてください。

　もしも、起業を考えるのであれば本業にする覚悟が必要になります。

　年商1000万円までは儲かるだけのフェーズですが、そこから先は今までとは違うフェーズに入ります。利益が低迷してでもフルアクセルで進まないといけなくなります。

　人を雇うスキル、資金調達をするスキルなど別の能力が必要になったり、融資による借金や固定費（人件費や事務所の家賃など）の発生で簡単にはドロップアウトできなくなります。

　当然、それまでのようにすべてが手残りになるのではなく、決算して残った利益が内部留保になるので、それまでのような右肩上がりで利益が残らなくなっていくでしょう。

　逆に、副業のままで行くならがんばり度合いをコントロールしないといけなくなります。

　今までと同じことを続けていくことに変わりはありませんが、やり過ぎないように、自分の中で発生する欲求をコントロールする必要が出てくるでしょう。

しかし、それができれば豊かな生活を維持できます。法人化を視野に入れてマイクロ起業（1人起業）をしてもいいかもしれません。法人化すれば交際費を800万円まで使えるので生活は十分豊かになりますし税金対策もできます。

　もしくは、マイクロ起業をしないでも利益を積み立て型の投資に回したり、大きく溜めて不動産に投資するのでもいいでしょう。

　私の場合は「起業」の道を選びました。

　だからもっとがんばりました。組織化するまでに一度倒れてしまいましたが、それでも現在は年商3億円の会社として起業の夢は叶えられています。

　しかし、必ずしも全員が同じ道を歩む必要はありません。そこそこでいい人はそこそこで十分なのです。それよりも、増えた収入で周囲と豊かに暮らしていけばいいのです。

　人によって進むべき道のパターンは異なります。ですから、一度は立ち止まって考えないと不幸の道に進んでしまいかねないのです。

7

ずっと売れ続けるネット ショップを構築しよう！

大きく売りたいなら「季節商品」を
バランス良く取り入れる

前章の最後で「副業で続けるか、本業にするか」という話をしました。

本章では今以上に売上を伸ばす、そこから本業も視野に入れてネットショップ経営を拡大していくための方法論をお伝えしていきます。

最初にお伝えするのは、今よりも大きく売上を上げたいと考えたときには、それまでの手堅くやる方法から一歩前進して「大きく売る」を実践することです。

平たく言うと「季節商品」も取り扱っていくことです。

第3章で初心者は「最初は通年商品から始める」という旨のことをお伝えしました。矛盾しているように感じるかもしれませんが、そうではありません。

通年商品は絶対に必要です。でなければ不良在庫のリスクが高まってしまいますし、売上の基礎となる部分を構築できないからです。

しかし、短期的（数ヶ月）にでも売上を大きくしたいなら季節商品も選択肢に入れなければいけません。流行に乗るテクニックが重要になるのです。

夏場であればハンディファンやネッククーラー、冬は電熱ベストや腹巻や手袋やマフラーなどです。通年商品と季節商品を兼ね備えることで、安売りしなくても勝手に売れていく仕組みを作ることができます。

季節商品を取り扱うことで、そこに集まったユーザーを通年商品に流すこともできますので、このような両輪を回していくことが重要になっ

てくるのです。

　とはいっても、どんな季節商品を仕入れるか、迷うと思います。
　基本的な考え方としては「春夏秋冬」の４シーズンそれぞれに通年商品がありますので、それを踏まえたリサーチをしてください。
　逆に注意点としては、季節商品に頼り過ぎないようにすることです。
　季節商品は短期的には大きく売れますが、時期が過ぎるとピタリと売れなくなります。要するに乱高下が激しいのです。
　来年に持ち越すことを検討するかもしれませんが、流行が変わっていたり、来年までの保管料を考えると、売り切ることを念頭にリサーチし、仕入れるようにしましょう。

　大切なのは通年商品と季節商品のバランスです。
　「通年商品２〜３：季節商品７〜８」だとバランスよく売上が上がっていきます。
　最初は通年商品のみで10種類を目指し、段々とわかってきて売上を作れるようになってきたら季節商品でブーストアップして30種類を目指しましょう。
　すると、20〜25種類の通年商品と５〜10種類は季節商品になるはずです。ちなみ　に、カラーバリエーションやサイズ違いは「種類」には入りません。あくまでも別商品の考え方です。
　そして、将来的には50種類を視野に入れてください。読者によって数は異なりますが、この辺りが個人でやる限界値だと私は考えています。

「類似商品」から次にヒットしそうな商品を推測する

　売上を大きく上げる方法はもう1つあります。

　それは「類似商品」を探す方法です。

　最初の頃は、例えば肩がけスマホケースが流行っているなら同じものを仕入れて販売する方法でいいのですが、経験値が増えて上級者になってくると、その商品の「どこが刺さっているのか」が感覚的にわかってきます。

　すると、類似商品を見つけて次の売れ筋商品を推測できるようになります。

　例えば、肩がけスマホケースが流行っている理由が「新しいiPhoneが出たからだ」とわかると「これに似た商品が存在するのではないか」とひらめくようになります。そしてアリババで探してみると、今売れているものよりも少し機能が良かったり、仕様が良くなっているものが見つけられるのです。

　例えば、車のバルブ（ライト）は本書執筆時で1万ルーメンの明るさが一番売れています。しかし、サプライヤー市場を調べてみると機能の上がった1万2000ルーメンのものがすでに登場していたりします。

　これを真っ先に仕入れて販売すれば、次の売れ筋商品を先取りして販売することができるのです。

　どんなビジネスでもそうですが、最も利益を取れるのは先行者です。

すでに売れている商品を仕入れて売る方法はかなり手堅いですが、正直にリスクを挙げるなら肩落ち品をつかまされてしまう可能性があります。

このリスクをさらに低減させていくためにも「今売れているものの高性能商品」を探すようにしてみてください。あとはユーザーのお財布事情と合う相場観であれば売れます。

実はこの方法で私は１年間で1900万円も売り上げたことがあります。

「ボーナスストア（旧・倍！倍！ストア）」参加でトップ10％と戦える

Yahoo! ショッピングにはさまざまなイベントやキャンペーンがあります。

その中でもストアにとってメリットが大きく、ユーザーにはメリットしかないイベントに「ボーナスストア」があります。ボーナスストアはかつて「倍！倍！ストア」と呼ばれていたので、ご存知の読者も多いかもしれません。

ボーナスストアはストアとユーザーの参加型のキュンペーンで、ユーザーはエントリーをするだけで対象ストアの商品購入後に５〜10％のポイント還元を受けられます。

ユーザーからすればメリットしかない一方で、ストア側からすれば参加することで売れるたびに５〜10％のポイント負担がある（当日の売上から天引きされる）わけですから、正直に言うと痛いです。

しかし、それでも入っておくだけのメリットがあります。

その理由は全ストアの上位10％に何もしなくても入れるからです。

　ユーザーが検索を行う際に、検索結果ページ左側の「絞り込み」の欄に「ピックアップ」として「ボーナスストア対象商品〜本日ボーナスストアが最大●％」というものがあります。

　このチェックを入れることでユーザーはボーナスストア参加店舗だけに絞り込むことができるわけです。

　試しに「マスク」と検索してみると、1287万件以上の検索結果が表示されます。ここからピックアップにチェックを入れると、約16万6000〜19万件にまで絞り込みができます。この時点でライバルが107分の1程度になったことがおわかりいただけると思います。

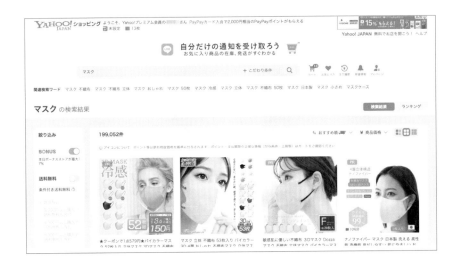

　Yahoo! ショッピングのユーザー傾向として、検索ボックス内での
キーワード検索をする人がほとんどなので、この方法であれば、ボーナ
スストアに参加しているだけで上位10％に入れることになります。

　また、Amazonや楽天市場と比較して、Yahoo! ショッピングには100
万を超えるストアアカウントがありますが、ボーナスストアの参加条件
である月商11万円以上をクリアしているストアは10％程度しかいませ
ん（※当社調べ）。

　普通に運営していたらマスク1つでも100万件以上のライバル（スト
ア・商品）と戦わなければいけないところを、ボーナスストアに参加す
るとトップ10％の市場で戦えることになります。キーワードを増やせ
ばさらに絞られます。

　5〜10％の手数料は痛いですが、現実を言うとユーザーもエント
リーし忘れがあるので事実上の負担は3％程度です。ですからデメリッ
トよりもはるかにメリットが大きいボーナスストアは参加するだけでも

のすごく有利になれるのです。

月商300万円を超えたら 楽天やAmazonにも出店しよう

第6章の最後に「月商100万円になったらこの先どうするかを考える」とお伝えしました。

現状を維持してライフワーク・バランスを考えるか、法人化を視野に入れてさらにアクセルを踏み込むか、という話でしたが、個人的には月商300万円が法人化の分岐点だと思っています。

その際に選択肢は2つあります。

・商品点数をさらに増やす
・販路を拡大する

どちらがいいかと言われたら、間違いなく後者の「販路拡大」です。

商品点数を増やしてYahoo! ショッピング1本で行くと1つの販路に依存することになり、万が一、アカウントを停止させられたりしたらその時点でビジネスが終了してしまいます。ですから取るべき選択肢は販路拡大です。

これは株式投資のポートフォリオ理論と同じです。投資銘柄を増やすことで抱えるリスクを減らす分散投資の考え方です。

実際に、30種類の商品で月商300万円だとしても、それぞれが月10

万円ずつ売り上げているようなことはありません。上位10種類くらいの看板商品が大きく売上を占め、他は動かないことはよくあります。

そんなときにはAmazonや楽天市場にも出店を検討してみてください。

第1章でもお伝えしたように楽天市場は売上高5.6兆円、Amazonは売上高3.2兆円という巨大な市場を持っています。合計8.8兆円でYahoo! ショッピングの5倍以上です。

やり方はYahoo! ショッピングで販売しているすべての商品をとりあえずAmazonと楽天市場に横展開でスライドさせるだけで構いません。本当はタイトルなどを細かく変えたほうがいいですが、まずはスライドでOKです。

すると、Yahoo! ショッピングでは売れなかった商品が他のECモールでは売れたり、Yahoo! ショッピングでは700円でしか売れなかったものが1000円で売れたりします。

月商100万円くらいであれば他のECモールもかかるので、まだその時期とは言えませんが、300万円を超えているなら販売力も十分なので、より広い市場に出ていくべきです。

月商500〜600万円を他のECモールで販売できるくらいのポテンシャルがあるので、トータルで売上が3倍になることも夢ではないのです。

● 売れない商品はメルカリ・Yahoo! オークションで損切りする

販路拡大はなにも売上を上げるだけのことではありません。

Yahoo! ショッピングで販売していると、どうしても売れない商品や思うように売れない状況というのが出てきます。売れないループに入ってしまうと、最悪の場合は不良在庫となって経費ばかりがかかってしま

います。

　そうなったときはメルカリとYahoo!オークションで処分してしまうのがおすすめです。

　まず、Yahoo!オークションはオークションサイトで1円から出品できますので、絶対に在庫を捌けさせることができます。フリマ出品（昔の即決価格）で出品し、売れない場合は価格を下げるか、1円オークションで出せばいいのです。

　私は一時期、Yahoo!オークションもかなり集中的にやっていましたが、傾向として購入者側が送料を負担する文化のようなものがあります。こちらが送料を負担しなくてもいいので、経費を圧縮することができます。

　メルカリのような価格交渉もなく、利用しているユーザーの年齢層も高めなので、大人な対応でスムーズな取引をできることが多いです。

　利用者数は月間1800万人ほどです。

　メルカリはフリマアプリとして大人気で、利用者は月間2200万人以上とかなり多いです。こちらも出品すれば在庫を捌けさせられる可能性は高いです。

　メルカリの特徴として、出品した時点でおすすめの一番上位に表示され、時間が経つたびに順位が下がっていきます。さらに、タイトル文40文字と商品説明文1000文字がすべて検索キーワードになっています。

　ですから、メルカリは「誰でも売れる」と言われているのです。

　送料無料のほうが売れやすい（送料は出品者側が負担する）、価格交渉がある、梱包や発送は自分でする、などの手間はかかりますが、気軽に始めて売れるので、ぜひ取り入れてみてください。

焦って結果を求めないこと。地道に できる人が勝つのが物販ビジネス

　ここからは方法論というより精神論的な話になりますが、そもそもの売上のベースを作るとき、大きく売上を伸ばすときにも大切なことなのでお伝えします。

　最初にお伝えしたいのは、ネットショップ経営は「地道に努力できる人」が最も勝ちやすいビジネスです。

　ビジネスを始めてうまくいかないことが起きたとき、多くの人は「できない理由」を考えようとします。1日2時間でも「時間がなくてリサーチできない」「やってみたけどすぐに結果が出ない」など焦って結果を求めるあまり、やり切ることなく数回の失敗であきらめて「やっぱりできなかった」となるのです。

　しかし、物事の結果が出るまでのプロセスは、決して右肩上がりではありません。むしろ最初はうまくいかないもので底辺を這い、どこかのタイミングで指数関数的に伸びていくものです。

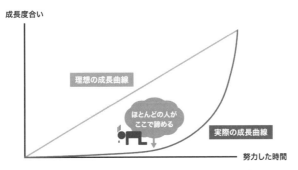

英語の慣用句に「The darkest hour is always just before the dawn.（夜明け前が最も暗い）」というものがありますが、ビジネスもこれと同じです。

結局、失敗する人の多くは低迷している"夜明け前"であきらめてしまって朝日を拝めません。

しかし地道に継続できる、結果が出るまであきらめずに行動できる人には必ず朝日が差し込むタイミングがあるのです。シンプルですが、やり方さえ間違えずに計測すれば最終的に点と点がつながるようになっているのです。

ぜひ、本書を読んでまずは1日2時間を6ヶ月続けてみてください。

6ヶ月というと長く感じるかもしれませんが、時間に直せば「180日×2時間＝360時間」です。1日8時間働くとして残業ナシでも1ヶ月160時間、3ヶ月で480時間ですから「1日2時間6ヶ月」は3ヶ月の労働以下なのです。

逆に考えたら新人が3ヶ月働いて一人前になれるでしょうか？

無理です。こう解釈すれば、それ以下の時間を費やしたところであきらめるには早いことがおわかりいただけると思います。

あなたにとっては副業で始めたつもりのネットショップ経営も、ユーザー側からすれば関係ありません。1つの事業者として見られます。

現在、あなたが本業を真面目に働いて給料をもらっているのであれば、副業もまた本業としてがんばるべきです。それができた人こそが成功をつかめるのです。

私自身、自己分析をすると「あきらめの悪い人間（損切りのできない人間）」の部類に入ります。仕事も恋愛もプライベートもです（笑）。し

かし、だからこそ「あと１回だけ」のマインドで続けているうちに稼げるようになりました。

　失敗は決して悪いことではありません。むしろ「うまくいかない方法」を見つけ、知識や経験値を増やすための作業だと考えましょう。
　そうやって積み重ねを行っていくとやがて知恵が出るようになっていきます。
　興味深いもので、成功ノウハウは人によって合う／合わないがあるのですが、失敗方法は共通しています。失敗方法を知ることは悪いことではないと考えて、地道な努力を続けてください。

質の良いＥＣコンサルに出会えば ビジネスは右肩上がりになる

　ただし、それでも時間や成果に限界を感じるのであれば、あきらめてしまう前に他者の知恵を借りるようにしましょう。あなた的に最悪の状況に陥るくらいなら、時間をお金で買って助けてもらうのです。
　「時は金なり」とも言います。自己流でやってうまくいかないなら、お金を出して他人の知恵を使うことは何も悪いことではありません。

　今の世の中は明らかに情報過多で質の良い情報に触れるのが難しい時代です。
　ですから自分で質の良い情報を探すことが大事なのですが、もっと大事なのはいかにムダな情報を削ぎ落して「今の自分に必要な情報」だけ

をスクリーニングするかです。

そんなときに助けてくれるのが他者です。良質なＥＣコンサルタントや良質なオンラインスクールがそれにあたります。

良質なＥＣコンサルタントを組めば「あなただけの成功モデル」をオーダーメイドで作ってもらえて「やらないこと」を決めてもらえて「やること」だけに一点集中できる最短ルートを構築してもらえます。

ＥＣモールはそれこそ毎年のようにルールが変わります。それを知らずに間違ったことをしていると権利侵害で一発退場にもなりかねませんし、自分でそれを勉強・理解・アップデートして間違わずにやり続けるのはものすごく大変です。

本書では「すでに売れている商品をアリババで仕入れてヤフショで売る」というビジネスモデルでノウハウをお伝えしてきましたし、さまざまなツールをプレゼントしますが、それでもどこかで困ったらＥＣコンサルタントを頼ってみてください。

その際に悪徳業者に引っかからないためには、やはり Yahoo! ショッピングの「コマースパートナー」がおすすめです。

私自身、コマースパートナーとして教える側に回りましたが、今でも外部のコンサルタントと契約をして最新情報を仕入れています。だから生き残れていると思っていますし、今あなたにお伝えするための書籍も執筆できたと思っています。

ぜひ、自分に合った良質なＥＣコンサルタントと組んで、ビジネスを加速させてください。

● オンラインスクールに通うメリット・デメリット

もう１つ、オンラインスクールもおすすめなので補足します。

オンラインスクールはネットショップ経営方法がうまくいく順番で体系立てられています。

ＥＣコンサルタントに比べると料金も安く、低いハードルで良質な情報に触れられるメリットがあります。動画もあるので理解もしやすいでしょう。

ただし、デメリットもあります。

まず、対面ではありません。どうしても画面越しに動画を見たり、オンライン授業を受ける形になってしまいます。

次に、情報の質にムラがあります。動画はどうしても最後まで見ないといけないので、30分の動画であれば現実に30分かかってしまいます。

つまり、相手のペースで自分が求めるものとマッチしているかどうかわからない情報閲覧を拘束させられるわけです。

ＥＣコンサルタントもオンラインスクールも一長一短です。

私のおすすめとしてはＥＣコンサルティングとオンラインスクールが合体しているようなサービスです。

ノウハウの勉強は本（テキスト）と動画のコンテンツで、コンサルティングやサポートは対面、コミュニケーションツール、オンライン通話のようなハイブリッド型のサービスです。

それならばあなたにとってのやりやすい勉強方法ができますし、わからないところはすぐに対応してもらえます。

お金・時間・場所に縛られない 生き方を目指しませんか？

　本書ではネットショップ経営を手堅く始めて、大きく売上を伸ばしていくための考え方や方法論をお伝えしてきました。

　では、その先にあるものとは一体何でしょうか？

　答えは「お金・時間・場所に縛られない生き方ができること」だと私は考えています。

　というのも、私自身が今のビジネスを始めたきっかけがそれだったからです。

　私は人に使われて働くことが苦手で、起業するまでは就職した先で自分なりにがんばって働き、主任やリーダーなどの指示する側のポジションに就きました。そのほうが自分に合っているし給料も上がると思ったからです。

　ただ同時に自分でコントロールできないものがあることにも気づきました。「給料（お金）」と「時間（勤務時間、休日）」と「場所（勤務地、人間関係）」です。

　ここから脱却するには起業するしかなく、株式投資などもしましたがうまくいかなくて、唯一うまくいったのがネットショップ経営（物販ビジネス）でした。

　おかげで現在はお金、時間、場所も自分でコントロールできています。

　あなたにも、このようになってもらいたいと私は考えています。

　すでに書いたとおり、どれだけ稼ぐかはあなた次第です。そこそこで

いいならそこそこで、もっと稼ぎたいならもっとアクセルを踏む——
どうするかはあなた次第ですが、私はどちらの選択でも問題ないと考え
ています。

　なぜなら、大切なのは今のあなたの状況から少しでも良い状況にシフ
トチェンジすることだからです。人の幸せのラインはそれぞれで、私の
周囲でも手を広げすぎて会社員時代よりも忙しくて幸せそうでない人は
たくさんいます。

　それでは本末転倒です。

● 1人でも多くの人にFIREを手に入れてもらいたい

　ただ、それでも1つ言えるのは、1人でも多くの人にFIREを手に
入れてもらいたい、ということです。FIREは「Financial
Independence, Retire Early」の頭文字を取ったもので「経済的自立と
早期リタイア」を意味します。

　世間的にはFIREを実現するには「1年の支出額の25倍の資産」
が必要だと言われていますが、私はあなたの幸せラインをクリアしてい
れば金額は関係ないと思います。

　ネットショップ経営で1日2時間をさらに加速していくと、ほとんど
手をかけずに勝手にモノが売れていく仕組みを作ることができるように
なります。

　投資でお金を増やすよりも早くお金を増やせるわけです。

　年利200％などは普通です。100万円の資金が200万円になって戻っ
てきたりすることが当たり前にあるのです。

　その資金を使って株式投資や不動産投資を行えば、大きな原資で投資

ができるので、より早くお金を大きくしていくことができます。

　つまり、ネットショップ経営を“きっかけ”にしてＦＩＲＥを実現することもできるわけです。

　私の周囲には３種類の人がいます。

　「在庫を仕入れてネットショップ経営をやり続けるプレイヤー」と「経験やノウハウを商材にＳＮＳでコンテンツ販売して短期間で稼いで億り人になる人」と「ネットショップ経営で稼いだお金で投資家になる人」です。

　どの道を進むかはあなたの自由ですが、どれであってもあなたの幸せラインを維持できる状態での生き方を手に入れてもらいたいと思います。

「売り手よし、買い手よし、世間よし、社員よし」で未来を創る

　私の会社には経営理念「四方よし」があります。

　「四方よし」は言うまでもなく近江商人の「三方よし（売り手よし、買い手よし、世間よし）」から来ていますが、私はここに「社員よし」を足しました。

　ビジネスは売上がすべてではありません。

　お客様を泣かせる商売で売上を意味がなく、クリーンなやり方でお客様を喜ばせ、笑顔でお金を払っていただかなくてはいけません。そのために社員にもお客様の笑顔をサポートしてもらって、気持ち良く仕事をしてもらいたいですし、それを継続することで社会的存在意義のある会

社になっていくと考えています。

　偉そうなことを言っているように聞こえるかもしれません。
　確かに、私の最初のモチベーションは決してこんな立派なものではありませんでした。ズバリ言ってしまうと「自分の幸せ」が最初の目的でした。
　私は17歳で大阪にある倉庫で派遣職員として働き、20歳で派遣元だった派遣会社の営業マンに正社員雇用されました。そのときに「20代で起業する」と決めていた私はそこから27歳まで働き、起業準備のために経理事務の仕事に転職をしました。

　そして個人事業で始めたネットショップ経営で初年度に年商1000万円（本業の給料の約200万円を含む）、2年目に年商3000万円を達成しました。
　2年目には「本業の給料に手を付けずに生活をしてみよう」と考え、それがうまくいったことをきっかけに起業し、29歳のときに法人化しました（20代で起業する夢は叶ったわけです）。
　法人化してからも順調で1期目は年商5800万、2期目で年商1億7500万、3期目で年商3億円になり、20代のときに紙に書き出していた欲しいものをすべて手に入れることができました。

　しかし一方で、1人で副業をしていた当時、起業してからも私は自分の夢を叶えるためだけにビジネスをしていたこともあって、周囲を不幸にしていました。
　お客様に迷惑をかけることもありましたし、社員にも負担をかけて離職が止まらない状況にもなりました。そして収入の悩みがなくなったあ

るとき、私はふと自分のしている「自分の利益優先のビジネス」が虚しくなりました。

　過度な贅沢をしなければ普通の生活に困らない状況になると、今度はお金を稼ぐことそのものに「？」が浮かび、何のために稼ぐのかわからなくなったのです。

　ビジネスは上を見ると切りがありません。

　一方で、目の前のお客様や社員は笑顔ではありません。

　こんなことを続けていると、私に関わるすべての人が不幸になると感じました。そして、ビジネスの方向性を変えることにしました。

　まずはお客様を幸せにすること。

　ビジネスは営利活動なので利益を追求しなければいけませんが、そもそも売上や利益はお客様から回ってくるものなので、お客様を幸せにしないといけません。

　さらに会社の規模が大きくなると社員の助けを借りないといけなくなります。社員が物心ともに満たされて、やりがいを持ってイキイキと仕事をしてもらえないと、本人が満足していないのにお客様を満足させられるはずがないわけです。

　そんなタイミングで「三方よし」を知りました。

　この考え方を深く考えるようになり、自分ひとりではそれが達成できないことに思い至りました。結局は「社員にも満足してもらって、お客様のことを考えてもらって、お客様も幸せになり、すると評判が広がって会社も儲かり、私も儲かる」というルートしかないと考えたのです。

　そして「三方よし」に１つ足して「四方よし」を経営理念としたのです。

最後は組織論のような話になりましたが、この考え方はどんなビジネスをする人にでも当てはまるものです。

　あなたのネットショップ経営も、関わるすべての人が幸せになることを目標に進めてみてください。そうすることで大きな幸せが回り回ってあなたのところに戻ってくるはずです。

あとがき

◆ ネットショップ経営で人生を好転させよう

　ここまで読んでくださり、ありがとうございました。

　最後に少し、私の昔話をさせてください。

　私は子供の頃からお金に苦労する人生を歩んできました。

　離婚をした父親と母親の間を行ったり来たりで、家もボロボロの文化住宅で、小学校の同級生たちを見ても、明らかに自分が違うことを感じていました。

　ただ、最初はそれが特に嫌ではありませんでした。「なんか違う」と思うだけで、選択肢の狭さを感じてはいましたが、そういうものだと思っていたのです。

　しかし、歳を経るごとにそれは変わっていきました。

　私が感じていた選択肢の狭さが実はマイナスなことだと気づいたのです。

　「これが欲しい」と思ったものを買えない、「ここへ行きたい」と思ったところへ行けない —— それは決して贅沢ではなく周囲の友達が叶えられていることが自分には叶えられなくて、その原因が「お金がない」ことだと気づいたのです。

　大きなきっかけになったのは高校進学でした。

　私は私立高校に行きたかったのですが、選択肢は公立高校しかありませんでした。理由はもちろん「お金」です。公立しか通わせてもらえなかったわけです。

高校に進学してからも夢を持つことができませんでした。当時私は美容師になりたい夢を持っていたのですが、専門学校へ通う学費がなかったのです。

　またもや、お金の問題でした。

　さらに高校2年生に進学する段階で家は学費を払えなくなり、母親から2択を迫られました。「自分で働いて学費を稼いで高校に通う」か「学校を辞めて働いて家計を助ける」か。

　親族の間でお金のトラブルが多く、私の家は大きな借金を抱えていたのです。そのときに私が思ったのは「自分は家族を助けるしかない」でした。

　そして16歳で社会に出ることになります。

　16歳で社会に出てからも同じでした。

　同級生は学園生活を満喫しながらアルバイトをして好きなものを買います。原付バイクの免許を親のお金で取り家にある原付バイクに乗るのに対して、私は教習所に通うお金をためるところからがスタートでした。

　しかも家にお金を入れていたので、人の2倍働いても自分のお小遣いのほうが少ない状況でした。この理不尽さにお金のない悲しみは段々と怒りに変わっていきました。社会の不平等さを理不尽に感じたのです。

　20歳で正社員として就職、24歳で結婚しましたが、そのときの手取りは14万円でした。

　子供の頃からずっと、大人になっても選択肢が極めて少ない人生に、私は「お金がないとこうも自分の人生が思い通りに行かないのか」と絶望にも近いほどの怒りを毎日滾（たぎ）らせていました。

これが、私のビジネスの原動力でした。

　中卒、貯金ゼロ、家庭は複雑、給料安い —— このコンプレックスをエネルギーに副業からネットショップ経営を始め、途中で何度も痛い目を見て、心を入れ替えて現在に至っています。

　私が本書を執筆したのは、ネットショップ経営を始めたい人たちをサポートする側（コマースパートナーの立場）に立ってみて初めて、私のような人が少なくないことに気づいたからです。

　コンサルタントとして話を聞いてみると、私よりも過酷な状況に身を置いている人がたくさんいます。そして、彼らを含めて多くのお客様をサポートし、結果を出してもらう中で、お客様が笑顔になり、人生を取り戻し、感謝してもらえることに喜びを感じたからです。

　本書は、そのような現状を変えたいと思っているすべての人のための本です。

　最後に私自身の目標ですが、多くの方をサポートしつつ5年後に年商10億円を目指しています。そしてグランフロント大阪の37階にオフィスを構えたいです。

　なぜ37階か？　38階の最上階にＬＩＮＥ株式会社の大阪本社があるからです。

　私はＬＩＮＥ株式会社には本当にお世話になっています。Yahoo! JAPANのおかげで今の私があるので本当に感謝をしています。

　あなたはどんな目標を持っていますか？

　「不遇な人生を変えたい」「気軽に副業でお小遣いを稼ぎたい」など、どんなものでもいいので目標を持ってみてください。

そして「すでに売れている商品をアリババから仕入れてYahoo!
ショッピングで売る」という一番手堅いやり方で自分の目標を叶え、人
生を変えてください。

松下　直人

書籍購入特典

読者限定特典を無料でGET！
以下のQRコードをスマホのカメラで読み取ってください

https://ec-consultingjapan.co.jp/promo/1.html

問い合わせ先

EC-Consulting Japan 株式会社
https://ec-consultingjapan.co.jp/contact/

— memo —

— memo —